NOTICE

JEAN-FRÉDÉRIC OBERLIN.

Jn. Fc. Oberlin

Pasteur à Waldbach, au ban de la Roche,

Mort le 1.er Juin 1826.

NOTICE

SUR

JEAN-FRÉDÉRIC OBERLIN,

PASTEUR A WALDBACH,

AU BAN-DE-LA-ROCHE;

MORT LE 1ᵉʳ JUIN 1826.

PARIS,

Henry SERVIER, libraire, rue de l'Oratoire, nᵒ 6.

STRASBOURG,

Jean-Henry HEITZ, libraire, rue de l'Outre, nᵒ 3.

1826.

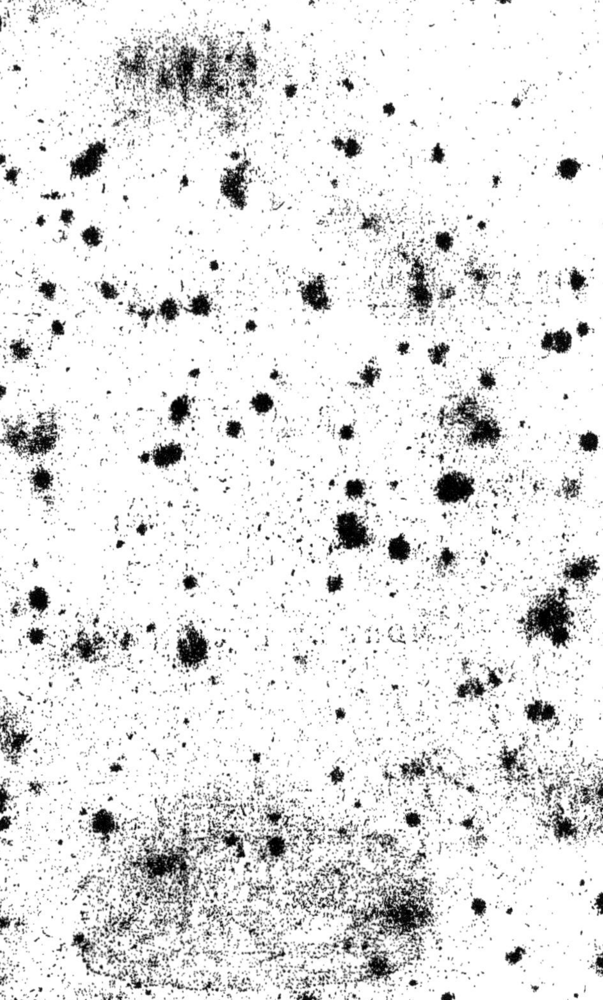

Paris, le 1ᵉʳ octobre 1826.

CHERS HABITANS DU BAN-DE-LA-ROCHE,

Vous n'êtes pas les seuls qui pleurez. La perte que vous avez faite a été sentie par tous ceux qui savent apprécier un noble et généreux dévouement, le sacrifice d'une vie entière au bien de ses semblables, et les efforts presque surnaturels de la charité la plus active; elle l'a été plus encore par les chrétiens qui ne se bornent pas à considérer les résultats, mais qui sont surtout attentifs à la cause qui les a produits et qui sont dans la joie quand c'est vraiment d'une foi vive qu'ils découlent. Une telle foi remplissait l'âme de votre pasteur; sans elle, il n'aurait pas transporté sa demeure au milieu de vous; sans elle, il n'aurait pas osé projeter ni pu exécuter de si grands et de si utiles changemens; sans elle surtout, il n'aurait pu vous offrir cette Parole sainte, qui est devenue pour quelques-uns une parole de vie et de salut. Admirable comme philanthrope et comme chrétien, « l'humanité » pour rappeler ce qu'on écrivait de lui, dans une autre partie de la France, le jour même de sa mort ; « l'humanité le cite comme un modèle, et la religion lui prépare des couronnes comme à un élu. » (1) Je l'ai aussi admiré sous ce double rapport, et c'est pour faire partager à d'autres ma vénération pour lui et ma reconnaissance envers le Seigneur, de ce qu'il a long-temps accordé un tel homme à la terre, que j'ai recueilli les faits qui semblent propres à le caractériser. J'ai consulté les ouvrages de ceux qui ont écrit sur le même sujet avant moi; j'ai obtenu des enfans d'Oberlin et de ses amis intimes de précieux renseignemens; en un mot, je n'ai rien négligé pour rendre cette notice complète. Elle ne le sera pourtant pas à vos yeux, car vous avez sans doute été témoins d'une foule de traits aussi beaux que ceux que j'ai pu rassembler; vous avez entendu toutes ces édifiantes paroles, dont quelques-unes seulement sont parvenues jusqu'à moi. Acceptez néanmoins ces pages; quoiqu'elles ne puissent vous rappeler tous les pas d'Oberlin, elles indiquent du moins le chemin qu'il a parcouru.

Oberlin lui-même ne travaillait pas pour que son nom fût honoré parmi les hommes. « Oh ! puissiez-vous oublier mon nom et ne retenir que celui de Jésus-Christ que je vous ai annoncé,» vous écrivait-il. J'agirais donc en quelque sorte contre ses volontés, si, en vous entretenant de lui, je ne me proposais pas surtout de rendre gloire au Seigneur qu'il a fidèlement servi. Aussi mon intention a-t-elle été de ne parler du serviteur qu'afin de rappeler le Maître, et de ne raconter sa foi, ses vertus et ses bienfaits, que pour exciter en d'autres un vif désir de l'imiter. Vous-mêmes,

---

(1) Défense de la religion réformée par J.-J. Gardes, pag. 163.

chers amis, tout en conservant le souvenir de ce qu'il était, rappelez-vous ses leçons plus que sa personne, la foi dont il désirait vous voir remplis, plus que celle qui l'animait, et le bien auquel il vous excitait, plus que celui dont il vous donnait l'exemple. C'est ainsi que vous honorerez le mieux sa mémoire, et que vous pourrez montrer que ce n'est pas en vain que Dieu a permis qu'il passât près de soixante ans parmi vous. L'étranger pieux qui vous visitera ne sera pas forcé alors de s'informer avec soin si le pasteur Oberlin a exercé une réelle influence; il verra que les fruits de sa prédication demeurent, et il bénira Dieu de s'être conservé fidèles ceux que son serviteur lui avait amenés par sa grâce.

Qu'il en soit long-temps, qu'il en soit toujours ainsi ! C'est le vœu sincère de

Votre affectionné ami,

H. L.

Heureux sont dès à présent les morts qui meurent au Seigneur ;
car ils se reposent de leurs travaux et leurs œuvres les suïvent.

Révélation de S.-Jean, *chap.* XIV, *v.* 13.

NOTICE

SUR

JEAN-FRÉDÉRIC OBERLIN.

La vocation de tous les pasteurs étant la même, tous étant appelés à soulager, à consoler et à instruire, il semble, à un premier aperçu, qu'à quelques événemens près, la carrière de l'un ne doit guère différer de celle des autres ; mais un peu d'attention suffit pour reconnaître qu'il n'y en a peut-être aucune qui soit sujette à d'aussi grandes diversités. En effet, le pasteur se trouvant naturellement en contact avec toutes les circonstances de la vie humaine, son influence doit être différente selon l'état social, la tournure d'esprit et le développement moral des personnes près desquelles il est placé. Sans doute, en tout temps et partout, il doit évangéliser ; mais ses devoirs secondaires peuvent se modifier à l'infini. Ils sont autres, si la Providence l'a mis à la tête de fidèles persécutés, que les lois poursuivent, que l'intolérance accable, et qu'il a la double tâche de maintenir fermes dans la foi et soumis au prince qui les gouverne ; autres, s'il exerce son ministère dans un pays, où les apparences de la piété sont un chemin à la faveur, en sorte que la cupidité et l'ambition y revêtent le manteau de la vérité et en souillent la profession par leur hypocrisie ; autres encore, s'il vit dans un siècle de contestations théologiques, au milieu d'hommes ardens à faire prévaloir leurs idées particulières , et qu'il est chargé de ramener sans cesse à l'Évangile , comme au creuset où tous les systèmes, toutes les doctrines, toutes les prétentions doivent être éprouvées, parce que c'est là que tout alliage se sépare de l'or ; autres enfin, s'il a la charge d'une paroisse mondaine, dont les membres ne connaissent de biens que ceux de la terre , de plaisirs que ceux des sens, d'espérances que celle de la longue durée de leur bonheur temporel.

Ce ne sont là que quelques-unes des circonstances nombreuses qui peuvent influer sur la carrière du pasteur, et ce n'est dans aucune de ces situations qu'était placé l'homme extraordinaire, auquel nous consacrons ces lignes ; il n'avait pas à prêcher la persévérance au milieu des persécutions, car le coin de terre qui lui était confié jouissait d'une entière liberté de conscience ; il n'était pas probable que l'hypocrisie s'introduisît dans son troupeau , puisqu'elle n'eût mené à aucun résultat ; les subtilités de la controverse n'étaient pas non plus à redouter de la part de gens qui, pendant long-temps, connurent à peine la lettre de la Parole ; enfin, les délices de la vie ne pouvaient les absorber , étant pauvres et presque dénués de pain. Nous allons voir Oberlin dans une sphère différente, appelé à des travaux peu propres en apparence à jeter de l'éclat autour de lui , et qui cependant ont servi à lui frayer un chemin, non seulement à l'affection et à la reconnaissance des hommes, mais aussi à leur admiration.

Jean-Frédéric Oberlin est né le 31 août 1740. Son père remplissait les fonctions d'instituteur au gymnase de Strasbourg. Lui-même a été formé à l'académie de cette ville. Son caractère était vif ; il avait besoin d'occuper fortement son âme, et portait en lui le germe de dispositions qui peuvent

mener à des actions belles et utiles, quand la religion vient
les diriger, ou à de grands excès, quand elle y est étrangère.
Il eut de bonne heure un goût prononcé pour l'état mili-
taire (1); déjà, comme jeune garçon, on le voyait se mettre à la
suite des soldats, se croyant presque soldat lui-même, parce
qu'il marchait avec eux. Plus tard, il ne manquait pas une
revue, et il sut si bien, par la manière dont il parlait de siéges
et de batailles, se mettre dans les bonnes grâces des chefs,
que, sans faire partie d'aucun corps, il finit par obtenir la
permission de se mêler aux manœuvres. De tels exercices n'é-
taient guère propres à former un savant; cependant son père
le destinait à la carrière des lettres. Il lui représenta qu'il était
temps de renoncer aux jeux de son enfance et de songer au
travail; Oberlin le comprit, et se voua dès-lors avec ardeur
à l'étude. Son frère aîné (2) était pour lui un excellent modèle;
le zèle qu'il mettait à ses recherches philologiques qui, dans la
suite, l'ont rendu célèbre, devait inspirer à son cadet une utile
émulation. Aussi celui-ci ne tarda-t-il pas à regagner le temps
que ses exercices militaires paraissaient lui avoir fait perdre,
quoiqu'ils fissent partie du plan que le Seigneur avait arrêté
à son égard; car, en fortifiant et en endurcissant son corps, ils
le préparèrent aux fatigues qui l'attendaient plus tard. Toutefois,

---

(1) *Le Pasteur Oberlin* ou *le Ban-de-la-Roche*, souvenir d'Alsace de
Mlle Félicie T..., pag. 33.

(2) Jérémie Jacques Oberlin, savant antiquaire et laborieux philologue.
On remarque parmi ses ouvrages un *Essai sur le patois lorrain des environs
du comté du Ban-de-la-Roche*, 1775, petit in-8°. Ce petit ouvrage renferme
des notes fort curieuses sur l'ancien français, et sur le patois qu'il regarde
comme une altération de la langue romane.

ce n'est pas seulement le corps d'Oberlin que Dieu disposa à son service ; il voulait aussi employer son âme, et, pour cela, elle devait être retrempée, comme toute âme qui veut appartenir à Dieu. Les circonstances de sa conversion ne sont pas connues ; mais il résulte d'une note trouvée parmi ses papiers après sa mort, qu'il eut dès ce temps-là le sentiment du besoin de la grâce, et la conviction de l'amour et de la patience inépuisable du Seigneur. « Dans mon enfance et dans ma jeunesse, dit-il, Dieu m'a fait la grâce de toucher souvent mon cœur et de me tirer de bonne heure à lui ; il a usé envers moi, dans mes fréquentes infidélités, d'une patience et d'une indulgence inexprimables. » A l'âge de vingt ans, il renouvela les engagemens qu'on avait pris pour lui à son baptême, et écrivit, à cette occasion, quelques pages que nous avons lues, et où respire la foi la plus vive et la plus pure.

Après ces expériences spirituelles, ce ne fut pas pour se conformer aux désirs de son père, mais parce que c'était le choix de son propre cœur, qu'Oberlin se voua à l'état ecclésiastique. Ayant achevé des études qui, à mesure qu'elles lui avaient mieux montré combien l'alliance est étroite entre la vraie science et la religion, avaient aussi servi à le fortifier davantage dans la foi, il fut consacré au saint ministère. Il demeura encore quelques années sans remplir de fonctions pastorales, soit qu'il ne se sentît pas assez mûr pour vouloir s'en charger, soit que les places qui purent lui être offertes ne répondissent pas à l'idée qu'il s'était faite de ses fonctions futures. Semblable à cet autre pasteur (1), qui refusa de se charger de la direction d'une paroisse, parce qu'on lui offrait

____

(1) Jean-Guillaume de la Fléchère.

des émolumens trop forts et qu'on lui imposait des obligations trop faibles ; Oberlin rechercha avant tout les moyens de se rendre utile. S'étant engagé au service du Maître, il voulait travailler, faire valoir son talent et non l'enfouir dans la terre, de peur qu'il ne pût en rendre compte, quand il lui serait redemandé.

A douze lieues environ de Strasbourg sont cinq villages, éloignés de la grande route, assez distans les uns des autres, et placés dans une contrée élevée, qu'on nomme le Ban-de-la-Roche, et qui fait partie des contre-pentes et des ramifications occidentales du Haut-Champ ou Champ de Feu (1); c'est un système isolé de montagnes, détaché par un enfoncement du bord oriental de la chaîne des Vosges. La température y est très-différente, selon qu'on s'élève davantage sur les sommités ou qu'on descend plus vers le fond de la vallée; aussi y trouve-t-on depuis le climat chaud de Genève jusqu'au climat froid de Saint-Pétersbourg. Le Haut-Champ est à 3,600 pieds au-dessus de la surface de la mer, tandis que Waldbach ne s'élève au-dessus d'elle que de 1,800 pieds, et Rothau de 1,360 pieds seulement. Les autres villages, Fouday, Belmont, Bellefosse et Zollbach, sont à une moindre élévation. Le Ban-de-la-Roche dans son ensemble comprend une surface de 8 à 9000 arpens. Ce pays était presque sauvage au commencement du règne de Louis XV; il n'y avait pas de chemin pour y parvenir et y circuler; aussi y comptait-on à peine quatre-vingts ou cent ménages, dont la misère et l'ignorance passent l'idée qu'on pourrait s'en faire. Ce coin de terre partageait, avec le reste de

____

(1) Voyez la description du pays dans le rapport de M. François de Neufchâteau.

l'Alsace, un privilége refusé aux anciennes provinces françaises : quand elle fut incorporée à la France, on établit, par les traités, qu'on continuerait à y jouir d'une entière liberté de conscience ; et, tandis que, dans le Languedoc, les protestans persécutés trouvaient à peine au désert une retraite assez écartée pour y célébrer leur culte, là ils possédaient des églises, et aucune entrave n'était mise à leurs assemblées.

Les luthériens du Ban-de-la-Roche reçurent, en 1750, M. Stouber pour pasteur. Oberlin raconte de lui que c'était un homme vraiment apostolique ; il rapporte (1) quelques circonstances qui font bien comprendre dans quel état se trouvait alors le pays, et qui sont une introduction naturelle aux faits que nous avons à signaler. L'ignorance était extrême ; et ce qui contribuait surtout à l'entretenir, c'est l'usage où l'on était de classer les places de maître d'école, même au-dessous de celles de pâtre, et de les louer au rabais ; on n'exigeait à peu près rien des candidats, afin de les avoir à meilleur marché ; aussi le reproche ordinaire à leur faire était-il, qu'eux qui devaient enseigner ne savaient pas lire couramment. Stouber, afin de remédier au mal, fit venir pour maître d'école un homme capable d'en remplir les devoirs et de le seconder. Il se mit, en outre, à composer un alphabet méthodique ; mais les paysans, en voyant toutes ces syllabes sans liaison, dont ils ne comprenaient pas le but, supposèrent qu'il devait y avoir

---

(1) *The second Report of the British and Foreign Bible Society* contient une lettre d'Oberlin, du 17 juin 1805, où ces faits sont consignés. Voyez aussi la lettre de M. Legrand, du 27 février 1816, à M. le baron de Gérando.

de l'hérésie ou du sortilége, et ils s'opposèrent long-temps à son introduction. Remarquant, cependant, qu'à l'aide du nouveau syllabaire, les jeunes enfans ne tardaient pas à lire sans peine dans quelque livre qu'on leur présentât, les frères et les sœurs adultes, et les parens eux-mêmes, eurent honte de demeurer en arrière; ils demandèrent aux maîtres de leur donner aussi leurs soins, et ils ne tardèrent pas à faire de vrais progrès. Après avoir obtenu un tel résultat, le plus essentiel était de faire connaître la Bible à cette population maintenant en état de la lire. Stouber en fit venir de Bâle cinquante exemplaires français; et, pour les mettre à la fois à la portée d'un plus grand nombre de personnes, il eut l'idée de diviser chaque exemplaire en trois parties, qu'il fit relier en parchemin, de manière qu'il eût cent cinquante volumes séparés. Il les plaça dans les écoles, en permettant aux élèves de les emporter chez eux, et c'est ainsi que la Bible a commencé à être lue dans les familles. Quelques-uns de ces petits volumes paraissent même s'être égarés jusque dans les villages catholiques des environs. Les prêtres en défendaient, il est vrai, sévèrement la lecture; mais cette défense n'était, pour bien des personnes, qu'un stimulant; elles se procuraient la Bible en secret, et même quelquefois à un prix fort élevé pour ce temps-là et pour ces misérables contrées. On en cite l'exemple suivant : Un catholique entra, sous quelque prétexte, dans une maison du Ban-de-la-Roche; il parla de différentes choses, et promena ses regards dans toute la chambre, jusqu'à ce qu'il aperçut sur une planche un gros volume à fermoir, qu'il prit et dont il examina le titre. Ainsi qu'il l'avait supposé, c'était une Bible; il demanda alors si on pourrait s'en procurer une pour un écu; et, comme on lui répondit que oui, il tira de sa poche un écu qu'il jeta sur

la table, et se sauva, en emportant la Bible, au grand étonnement de ceux qui l'entouraient. On pourrait citer un plus grand
nombre de traits de ce genre; mais il suffit de dire que, dès-
lors, le désir de posséder les Saintes Écritures alla toujours en
augmentant, et qu'un grand nombre d'exemplaires furent ven-
dus, donnés ou prêtés au Ban-de-la-Roche même, ou dans
les environs.

Vers le temps où Stouber commençait à voir ses efforts
ainsi récompensés, une place de pasteur lui fut offerte à Strasbourg. Il l'accepta, et le Ban-de-la-Roche se vit menacé de
retomber dans le triste état dont il promettait à peine de
sortir; où trouver en effet un homme, animé de cette ardeur
pour le bien, qui fait qu'on ne craint aucun obstacle, et en
même temps assez rempli d'humilité pour ne songer qu'à être
utile, sans ambitionner la gloire de le paraître, et pour consentir à enfouir, au milieu de ces rochers et parmi leurs gros-
siers habitans, des talens distingués, de brillantes espérances
et toute la suite de ses années?... Oberlin comprit la grandeur
du besoin : c'en fut assez pour qu'il briguât ces fonctions, que
bien d'autres auraient dédaignées, et que la misère et la dé-
gradation morale auxquelles il fallait remédier lui rendaient
surtout intéressantes.

Il fut nommé pasteur, et arriva au Ban-de-la-Roche en cette
qualité, le 30 mars 1767. Il était alors âgé de vingt-sept ans.
Le village de Waldbach étant au centre de la paroisse, il le
choisit pour sa demeure, et s'y logea dans une maison qui ne
se distinguait en rien de celles des autres habitans. L'année
suivante, il se maria avec une demoiselle de Strasbourg,
nommée Madeleine-Salomé Witter, qui fut pour lui, pendant
tout le temps que dura leur union, une compagne fidèle, une

amie sûre et un aide précieux. Elle avait perdu ses parens dans sa première enfance; et, quoique privée de leurs instructions, elle était devenue une chrétienne à tous égards digne de ce nom. Oberlin l'associa tout de suite à ses divers plans : il se consultait avec elle, et la chargeait souvent d'une partie de l'exécution. Elle savait lui inspirer cette prudence et ces ménagemens nécessaires, qui hâtent quelquefois plus le succès que n'aurait pu le faire un zèle trop pétulant. En effet, l'ignorance craint toujours ce qui lui semble nouveau ; elle voit des ennemis dans tous ceux qui proposent des changemens, et qui veulent introduire des méthodes meilleures, au lieu des vieilles routines, et des idées saines, au lieu de préjugés déplorables. C'est aussi ce qui arriva au Ban-de-la-Roche ; ceux sur qui le pasteur Stouber avait exercé quelque influence approuvèrent, il est vrai, les projets de son successeur ; mais ceux qui s'y étaient montrés opposés, témoignèrent la même répugnance pour les plans d'Oberlin. Ils lui reprochèrent de ne pas entendre le vrai bien du pays, et de croire à tort que parce qu'à la ville une chose est utile et faisable, elle doit aussi pouvoir se pratiquer à la campagne avec avantage.

Oberlin ne se laissa pas décourager par cette résistance ; il continua, selon l'exigence des cas, à reprendre et à donner des conseils. Les mécontens crurent qu'ils se délivreraient de ses remarques, s'ils lui témoignaient, par quelque violence, qu'ils étaient résolus à ne pas les supporter plus long-temps. Ils formèrent le projet de le surprendre dans un lieu écarté et de lui faire essuyer de rigoureux traitemens (1). Heureusement Oberlin en fut instruit : sans se déconcerter, il se décida aussi-

---

(1) *Le Pasteur Oberlin ou le Ban-de-la-Roche*, pag. 40.

tôt à les ramener au devoir par une douceur pleine de fermeté. Un dimanche était fixé pour l'exécution. Ce même jour, il prit pour texte de son sermon ces paroles du Sauveur : *Ne résiste point au mal ; mais si quelqu'un te frappe à la joue droite, présente-lui aussi l'autre* (1) ; et il en tira occasion de parler de la patience chrétienne avec laquelle on doit souffrir les injures dont on nous accable et le tort qu'on nous fait. Après le service, les mécontens se réunirent dans la maison de l'un d'eux, et peut-être le sermon qu'ils venaient d'entendre leur fournit-il de grossières plaisanteries sur ce que le pasteur allait se trouver à même de mettre en pratique les principes qu'il venait si bien d'exposer. Quel ne fut pas leur étonnement, quand la porte s'ouvrit, et que le pasteur lui-même se présenta au milieu d'eux ! « Me voici, mes amis, » leur dit-il, avec ce calme qui inspire le respect aux plus violens ; « votre dessein à mon égard m'est connu ; vous avez voulu user envers moi de voies de fait, et me châtier, parce que vous me croyiez coupable. Si j'ai en effet violé les règles que je vous ai tracées, punissez-m'en. Il vaut mieux que je me livre à vous, et que je vous épargne la bassesse d'un guet-apens. » Ces paroles si simples produisirent leur effet. Les paysans, convaincus et honteux de leur faute, lui demandèrent sincèrement pardon, et promirent de ne plus mettre en doute son affection pour eux.

Peut-être cette seule circonstance accéléra-t-elle l'exécution des projets d'Oberlin plus que n'auraient pu le faire de nombreuses exhortations. Ceux qui avaient fait partie du complot formé contre lui voulurent se remettre bien dans son esprit. Ils savaient qu'ils ne pouvaient mieux y réussir qu'en le secondant

____

(1) Evangile selon saint Matthieu, V, 39.

dans ses vues de tout leur pouvoir, au lieu de s'y montrer opposés comme auparavant. Il y avait d'ailleurs dans toute sa conduite un dévouement si évident, une telle abnégation de ses
propres intérêts, qu'il eût été difficile, même aux plus indifférens, d'en être long-temps témoins et de ne pas se sentir entraînés par son exemple. Après avoir, le dimanche, exposé, avec
simplicité et avec cette chaleur qui remplissait son âme, les
vérités de la foi et ses conséquences morales; on le voyait
exercer durant la semaine cet amour du prochain, dont il avait
indiqué l'amour de Dieu comme le principe.

Pour retirer ses paroissiens de l'état à demi-sauvage dans
lequel ils se trouvaient, il était essentiel de les mettre en rapport avec d'autres hommes plus avancés en culture ; mais pour
cela il fallait ouvrir une communication régulière avec la grande
route ; car les chemins qui y aboutissaient étaient absolument
impraticables durant six à huit mois de mauvaise saison, et,
même durant l'été, ils étaient dans un si triste état, qu'on ne
les fréquentait que quand des circonstances impérieuses forçaient de se rendre dans les villes voisines. Oberlin rassemble
ses paroissiens ; il leur propose de pratiquer eux-mêmes un
chemin d'une demi-lieue et de bâtir un pont sur la Bruche, afin
qu'ils ne soient plus incarcérés dans leurs villages les trois
quarts de l'année. Les paysans se regardent surpris; la chose
leur paraît impossible. Chacun prétexte des occupations particulières, qui ne lui permettent pas de consacrer son travail au
bien général. Oberlin reprend alors la parole : « Le produit de
vos champs trouvera un débouché au-dehors. Vous serez en rapport avec les hommes, au lieu d'en être séparés. Il vous sera
facile de vous procurer une foule de choses qui vous ont manqué jusqu'à ce jour. Il s'agit de votre bonheur et de celui de vos

enfans ; il s'agit de vous procurer à tous des moyens d'existence. Que ceux qui sentent l'importance de ma proposition viennent travailler avec moi ! » — A ces mots , Oberlin prend une pioche ; il se met en route ; et ses paroissiens , électrisés par lui , se hâtent de prendre leurs outils et le suivent. Oberlin avait fait tracer le plan d'avance ; il assigne à chacun son poste ; c'est lui qui dirige les travaux ; il prend part à leur exécution, et tout réussit au gré de ses désirs ; la persévérance triomphe des difficultés ; la route s'achève, le pont est construit ; la communication avec Strasbourg est ouverte pendant toute l'année.

Un tel succès augmenta la confiance que les paysans avaient en lui ; aussi lui fut-il, dès-lors, plus facile de leur faire adopter ses plans. Il n'eut pas de peine à leur faire comprendre que, s'il était de leur intérêt de pouvoir communiquer avec Strasbourg, il leur importait encore beaucoup plus qu'il y eût moyen de se rendre, dans toutes les saisons, d'un village à l'autre ; tandis que, durant les grandes neiges, cela était absolument impossible. On suivit ses conseils ; et des chemins assez bons , que l'on entretient toujours libres, existent aujourd'hui. Ce n'est pas tout : des murailles furent élevées pour soutenir et gagner à la culture des terrains prêts à s'écrouler ; des eaux qui ravageaient la campagne furent détournées ou reçurent un lit suffisant pour les contenir ; des maisons plus solides et plus commodes furent construites et remplacèrent les misérables cabanes bâties dans le rocher.

Oberlin introduisit aussi d'heureux et de nombreux changemens dans l'agriculture (1). On sait combien il est difficile

____

(1) Voyez le rapport de M. François de Neufchâteau à la Société royale et centrale d'agriculture, et la lettre de M. Legrand, du 9 mars 1818 , à M. Treuttel, où ces améliorations sont rapportées plus en détail.

de faire accueillir, sous ce rapport, des plans de réforme aux cultivateurs. Aussi comprendra-t-on qu'il lui a fallu bien des années d'efforts soutenus pour obtenir les résultats que nous allons présenter en peu de mots et dans leur ensemble. Il crut avec raison qu'il valait quelquefois mieux parler aux yeux qu'aux oreilles des paysans, et qu'en voyant que ses méthodes lui réussissaient à lui-même, ils seraient plus disposés à en faire usage à leur tour, que s'il se bornait à leur dire qu'elles étaient utiles. Deux jardins dépendaient de sa cure; ils étaient traversés par plusieurs sentiers très-fréquentés. Aidé d'un valet intelligent, le pasteur se mit à y faire successivement divers essais; et les paysans, en passant près de son coin de terre, s'arrêtaient et considéraient avec étonnement cette belle culture et ces riches produits, avec lesquels leurs champs, qui semblaient être stériles et se refuser à répondre à leurs soins, faisaient un triste contraste. Alors ils se rendaient auprès de lui, lui demandaient comment il faisait pour obtenir une si belle récolte dans un terrain sablonneux; et Oberlin, après leur avoir fait sentir que *toute grâce excellente et tout don parfait vient de Dieu*, à qui il faut les demander, leur expliquait de quelle manière le Seigneur daigne se servir de notre industrie pour nous donner sa bénédiction.

Nulle part, peut-être, l'agriculture n'était alors aussi arriérée qu'au Ban-de-la-Roche, qui, peu de temps auparavant, avait été dans un état presque barbare. Les vieillards se rappellent d'avoir entendu dire à leurs pères, qu'avant 1709, la nourriture des habitans consistait en pommes et en poires sauvages. Ce n'est qu'à la suite de la terrible disette qui eut lieu cette année-là, qu'on sentit le besoin de se procurer d'autres moyens de subsistance et qu'on éclaircit la forêt, qui couvrait tout le pays, pour y planter des pommes de terre (*quemattes* ou *cmat-*

tes de terre), dont la culture fut alors même introduite. Cette pomme de terre primitive avait dégénéré et ne rendait plus rien. Les cultivateurs remarquaient, il est vrai, qu'ils ne retiraient plus que 3o à 4o boisseaux, de champs qui autrefois en ayaient donné 120 à 15o ; mais ils s'imaginaient que c'était la terre qui avait perdu la force de produire, et ne songeaient à aucun moyen de porter remède à ce décroissement d'abondance. Oberlin, mieux instruit, fit venir d'Allemagne, de Suisse et de Lorraine des pommes de terre qui renouvelèrent l'espèce ; maintenant on en porte du Ban-de-la-Roche au marché de Strasbourg, où elles sont recherchées. Il leur enseigna aussi à épargner la semence, en coupant la pomme de terre en autant de morceaux qu'elle a d'yeux. Son introduction fut dans la suite d'un grand secours aux habitans, surtout dans les années de disette 1812, 1816 et 1817, où Oberlin dut faire des efforts extraordinaires pour sauver ses paroissiens de la famine, dont il n'aurait peut-être pu les préserver sans elle.

Oberlin tenta également d'introduire diverses espèces d'arbres fruitiers, d'herbages productifs, de plantes légumineuses, ou céréales, absolument inconnues dans le pays. Il ne réussit pas toujours ; mais le mauvais succès ne lui donna jamais de découragement ; il n'y voyait qu'un motif à de nouveaux essais, et se retournait d'un autre côté, où il était souvent plus heureux. C'est ainsi que la culture du lin, dont il fit venir de la graine de Riga, afin de donner à cette plante toute sa perfection, répondit complétement à son attente ; les semences poussèrent des tiges de quatre à cinq pieds de hauteur. Le trèfle prit aussi en quelques endroits ; et ces trois cultures, celle du trèfle, celle du lin et celle de la pomme de terre, sont des acquisitions inappréciables pour le sable granitique du Ban-de-la-Roche.

Oberlin enseigna de plus à ses paroissiens à augmenter le

fumier et à en procurer la fermentation ; il les engagea à établir
des prairies artificielles ; il leur apprit à enfouir les plantes
vertes pour amender le sol ; il leur fit connaître les propriétés
des plantes sauvages et indigènes qui peuvent être utilisées
pour la santé, les alimens et les arts ; il leur montra les avantages de la méthode de nourrir les vaches et les porcs à l'étable ;
il fit abolir spontanément le fléau de la vaine pâture, changeant
les mauvais pâturages en terres labourables ; il planta aussi
des pépinières et instruisit lui-même les habitans dans l'art de
greffer les arbres.

Quand il vit que ses paroissiens commençaient à reconnaître
l'utilité de ses leçons, il résolut de les associer aux améliorations d'une manière plus directe et plus propre à leur donner
des jouissances. A cet effet, il forma au Ban-de-la-Roche une
petite Société d'agriculture, composée des cultivateurs les plus
intelligens. Il l'affilia à celle de Strasbourg ; et celle-ci, pour
encourager son intéressante auxiliaire, mit, en 1805, à sa disposition une somme de 200 francs à répartir entre les paysans
qui se distingueraient le plus dans la plantation des pépinières
et dans la greffe des arbres fruitiers. Oberlin remarquant le
bon effet produit par cette mesure, établit, de son côté, dans
le but d'améliorer la race des bestiaux, un prix en faveur de la
commune qui entretiendrait le plus beau taureau. Peu de temps
après, afin de préparer la jeune génération à continuer l'œuvre
qu'il commençait avec les hommes faits, il consacra, de quinze
en quinze jours, deux heures du jeudi matin à communiquer
aux garçons adultes ce qui pouvait les intéresser comme cultivateurs et comme chrétiens. Car, qu'on ne s'y trompe pas,
ce n'est pas seulement comme philanthrope, ou comme ami
de l'agriculture, ni par le besoin d'exercer son activité dans

une sphère quelconque, qu'Oberlin exécutait toutes ces choses; non, il avait constamment devant les yeux sa vocation toute entière, et c'est parce qu'il y comprenait le devoir d'influer sur le bonheur temporel de ses paroissiens, c'est parce qu'il était convaincu qu'en améliorant leurs circonstances extérieures, il lui serait plus facile de développer aussi leur intelligence et de les rendre accessibles à ses instructions spirituelles; qu'il se dévouait ainsi à leurs intérêts.

Dans tout le voisinage, on voyait avec admiration le Ban-de-la-Roche faire, sous tous les rapports, les plus étonnans progrès. Par les soins d'Oberlin, aucune année ne s'écoulait sans avoir amené des changemens utiles, une plus grande abondance et une civilisation plus avancée. Le nom du bienfaiteur de la contrée avait cessé d'être inconnu; depuis long-temps on ne le prononçait plus qu'avec respect, quand, en 1818, ses amis de Paris et de Strasbourg formèrent le projet de recueillir des documens sur le bien qu'il avait fait, et de les soumettre à la Société royale et centrale d'agriculture de Paris, pour le faire concourir, à son insu, aux prix qu'elle distribue (1). Sur le rapport de l'un de ses membres, M. François de Neufchâteau, qui avait, à plusieurs reprises, été sur les lieux, elle lui décerna une médaille d'or, sans doute plutôt en reconnaissance qu'en récompense *des services qu'il avait rendus, pendant plus d'un demi-siècle, à l'agriculture en particulier et à l'humanité en général.* M. François de Neufchâteau, qui a établi dans les mémoires de cette même Société (2) qu'il reste en France assez de places incultes pour fonder 5000 nouveaux

---

(1) La lettre de M. Legrand à M. Treuttel est l'un de ces documens.

(2) *Mémoires de la Société royale et centrale d'agriculture*, tom. V, p. 15.

villages, a déclaré, à cette occasion, que lorsqu'on voudrait
organiser ces colonies intérieures, la création de celle de
Waldbach serait un des meilleurs types qu'on pourrait suivre :
il ajoute que parmi les trente ou quarante mille communes
rurales déjà existantes, il n'en est aucune, même des plus
florissantes, où les perfectionnemens de l'économie sociale
soient aussi complets et où l'on ne puisse encore méditer avec
fruit les annales du Ban-de-la-Roche (1).

Ce qui y manquait surtout, c'était un terrain suffisant pour
occuper tous les bras. La population s'était peu à peu considérablement accrue ; et tandis que, dans les commencemens, elle
ne se composait, comme nous l'avons dit plus haut, que de
quatre-vingts à cent familles, elle en comprenait, quarante ans
plus tard, de cinq à six cents, formant ensemble plus de 3000
âmes. Il fallait, il est vrai, compter sur ce nombre environ
mille enfans ou vieillards, incapables de se livrer à aucune
occupation ; mais comme 500 personnes au plus pouvaient
trouver dans les champs un travail suffisant, il en restait
1500 dénués de moyens d'existence et qu'il fallait en pourvoir.
Le pays manquait tout-à-fait d'industrie. Oberlin réussit à y
introduire la filature du coton ; il donna des prix aux meilleures
fileuses, afin de les encourager, et cette nouvelle branche de
travail réussit si bien, qu'il est arrivé dans la suite qu'elle a
valu au Ban-de-la-Roche, pendant une seule année, la somme
de 32,000 francs, qui est énorme relativement à la misère
dans laquelle gémissaient alors les habitans. Quelques années
plus tard, en 1814, la réputation d'Oberlin attira dans son
voisinage le respectable M. Legrand de Bâle et ses deux fils,

____

(1) Ces annales ont été commencées par Oberlin en 1770.

qui se fixèrent dans le village de Fouday, et y formèrent un établissement de passementerie en rubans de soie, qui occupe aujourd'hui un grand nombre d'ouvriers. On peut dire avec vérité, de cette famille, non seulement qu'elle fait vivre tout le pays par son commerce, mais encore que c'est toujours en encourageant au bien, en blâmant et en empêchant le mal, qu'elle procure aux habitans des moyens d'existence. Les métiers à rubans se donnent dans les maisons, ce qui laisse aux parens la surveillance de leurs enfans, qui sont ainsi préservés des mauvais exemples et de cette corruption de mœurs que fait naître trop souvent la réunion de beaucoup d'ouvriers dans les mêmes ateliers.

Oberlin prit une mesure fort utile pour rendre sa paroisse indépendante des bourgs voisins, auxquels il avait fallu jusque-là recourir pour satisfaire aux besoins les plus journaliers. Plusieurs métiers n'y étaient pas exercés; il en résultait, soit des privations nombreuses, soit un surcroît de dépense pour faire venir du dehors les choses qu'on n'avait pas à sa portée. Le pasteur choisit parmi les jeunes garçons ceux dont il devinait l'habileté; il les habilla, et les envoya à Strasbourg, en payant leur apprentissage, apprendre les métiers de maçon, de menuisier, de vitrier, de maréchal et de charron. De cette manière, l'argent qui était auparavant sorti du pays, sans que l'industrie l'y fît rentrer, put y rester, ce dont on comprendra l'importance, si l'on considère qu'il y était si rare, que le don *d'un sou* mit au comble de la joie une pauvre veuve, parce qu'elle put par là se procurer, pour une couple de jours, du sel à manger avec ses pommes de terre. Une autre circonstance qui donnera quelque idée de la misère des habitans, c'est que, pendant les premières années du séjour d'Oberlin,

ils n'allaient à l'église qu'à tour de rôle, parce qu'ils n'auraient
pu, sans se prêter mutuellement leurs habits, y paraître d'une
manière décente.

On manquait au Ban-de-la-Roche des instrumens aratoires
les plus nécessaires; Oberlin en fit venir un grand nombre et
en établit une sorte de magasin, les vendant au prix coûtant,
ou même souvent au-dessous du prix, et accordant presque
toujours aux acheteurs la faculté de ne les payer que quand
l'argent leur serait rentré après la coupe de leurs bois ou la
vente de leur récolte. Pour leur faciliter encore plus leurs petites affaires, il organisa une caisse d'emprunt, envers laquelle
les engagemens devaient être ponctuels et sacrés, en sorte que
ceux qui n'étaient pas exacts à rembourser à l'époque convenue
la somme dont on leur avait fait l'avance, étaient privés pendant un certain temps de la faculté de renouveler leurs em-
prunts. En outre, comme la plupart des paysans étaient chargés
de petites dettes exigibles d'un jour à l'autre, et pour lesquelles
ils pouvaient être inquiétés, Oberlin leur persuada de se cotiser
en société pour former, par une mise légère, mais régulière,
une caisse d'amortissement, à l'aide de laquelle toutes ces
charges pourraient être liquidées successivement.

Si Oberlin était plein de zèle pour encourager les progrès
de l'agriculture et le développement de l'industrie, il en avait
autant pour ce qui se rapportait plus directement à ses fonctions pastorales; et, à ce titre, l'instruction de la jeunesse attirait à un haut degré son attention et ses soins. Son prédéces-
seur, comme nous l'avons vu plus haut, avait déjà cherché à
l'améliorer, en faisant venir un bon maître; mais il n'y avait,
dans les cinq communes de la paroisse, pour toute maison
d'école, qu'une misérable baraque, composée d'une seule

chambre, et qui menaçait de s'écrouler d'un instant à l'autre. Oberlin résolut d'en bâtir une plus convenable; et comme il avait beaucoup d'amis à Strasbourg, il les intéressa en faveur de son projet et obtint d'eux de se cotiser pour lui en faciliter l'exécution; il était nécessaire de chercher du secours au-dehors; car, bien loin d'être à cette époque secondé par les paysans, il éprouva de leur part une violente opposition; et les parens, au lieu de lui savoir gré du bien qu'il se proposait de faire à leurs enfans, murmuraient de ce que, malgré leur pauvreté, il voulait leur imposer des charges nouvelles, prétendant que, puisque la vieille cabane avait servi jusqu'alors, elle pouvait bien continuer à servir. Le pasteur n'eut d'autre moyen de mettre fin à leurs objections, que de déposer entre les mains des préposés de la commune une promesse formelle que l'entretien de cette maison, bâtie dans l'intérêt général, ne tomberait jamais à la charge des habitans; exposant ainsi sa fortune, qui était fort médiocre, et son revenu qui ne suffisait pas à son propre entretien, puisque la souscription ouverte à Strasbourg n'était pas à beaucoup près remplie. Du reste, jamais des considérations personnelles, ni la crainte de ne pouvoir suffire aux dépenses, n'empêchèrent Oberlin de donner suite aux idées dont il croyait l'exécution utile. Il avait une confiance sans bornes en la Providence de Dieu, et était convaincu que s'il demandait une chose avec foi, et qu'il fût vraiment bon que cette chose eût lieu, elle serait infailliblement accordée à ses prières. C'est là le sentiment nécessaire pour accomplir de grandes choses, et le Seigneur a toujours montré qu'il ne confond point ceux qui espèrent en lui. L'événement vint fournir une nouvelle preuve de cette vérité : non seulement la maison projetée fut construite, mais, dans le cours de quelques années, on en bâtit également une dans chacun des quatre autres villages, dont les habitans, comprenant mieux leurs intérêts, secondèrent les projets du pasteur, loin de les contrarier.

Lorsque chaque commune eut ainsi son école, Oberlin songea à établir entre elles une utile émulation. Il institua par semaine une réunion de tous les élèves à Waldbach, chef-lieu de la paroisse; c'était un moyen de soutenir leur zèle, parce qu'ils savaient que le pasteur suivait attentivement leurs progrès, et qu'ils craignaient de le mécontenter dans l'examen hebdomadaire. Afin de familiariser davantage les enfans des classes supérieures avec l'état qu'ils exerceraient un jour, il chargea les instituteurs de leur dicter des cahiers sur l'agriculture et sur la plantation des arbres. Il forma aussi pour leur usage une bibliothèque composée d'ouvrages propres à les instruire et à les intéresser. Lui-même en fit imprimer plusieurs, qu'il distribua en nombre suffisant pour qu'ils pussent faire, de trois en trois mois, le tour annuel des écoles; de manière que ceux qui, pendant cet espace de temps, avaient fait dans l'une le sujet des lectures, étaient, à son expiration, envoyés dans le village le plus rapproché, d'où on les expédiait, également après trois mois, pour une autre destination. Oberlin se procura aussi des livres d'histoire naturelle, une collection des plantes indigènes, une machine électrique et d'autres instrumens de physique, qu'il fit servir à l'instruction du peuple. Il publia un almanach, dégagé des superstitions dont fourmillent ceux en usage, afin d'en préserver ses paroissiens.

Ce n'est pas seulement aux hommes faits et aux jeunes gens que se bornaient ses soins. Les petits enfans eux-mêmes y avaient part; il les préparait, dès le berceau, à devenir des citoyens utiles et des chrétiens. Comme les parens, occupés à leurs métiers ou à la culture de leurs champs., ne pouvaient suffisamment veiller sur eux, et qu'il était à craindre qu'en les abandonnant à eux-mêmes et leur permettant de jouer dans la rue, ils ne courussent toutes sortes de dangers, et n'adoptassent des habitudes de paresse ou de vice, Oberlin eut l'idée de les réunir dans des chambres spacieuses qu'il loua et fit arranger dans ce but, et où les enfans s'amusaient entre eux sous la surveillance douce et maternelle de conductrices dont il fit choix, et qu'il prit soin, avec sa femme, de former, en les faisant passer par une sorte d'apprentissage (1). Ces conductrices devaient veiller à ce que les enfans ne parlassent en leur présence que français, et s'abstinssent entièrement du patois qui, par ce moyen, a disparu à peu près du pays. Elles devaient en outre diriger leurs jeux d'une manière utile, enseigner aux plus grands à filer, à tricoter et à coudre, et, quand ces occupations s'étaient assez prolongées, leur expliquer des cartes géographiques, dont quelques-unes représentaient le Ban-de-la-Roche et ses plus proches environs, ou des estampes enluminées relatives à l'histoire sainte et à l'histoire naturelle, dont la vue fixait davantage dans l'esprit les faits et les observations qui s'y rapportent.

Nous avons rapproché, peut-être en intervertissant quelquefois l'ordre dans lequel elles se sont passées, les choses qui nous ont paru relatives à des objets communs et qu'il pouvait être utile de présenter dans leur ensemble. Il est temps de reprendre la suite des événemens, et de raconter les traits

(1) Une souscription pour la formation à Paris de salles d'asile du même genre, pour la première enfance, est ouverte chez MM. Mallet frères et compᵗᵉ, rue de la Chaussée-d'Antin, n° 13.

trop peu nombreux qui nous sont connus de cette vie riche en bonnes œuvres, parce qu'elle était riche en foi et en piété. Voici l'un des plus marquans :

Un procès durait, dans le pays, depuis plus de quatre-vingts ans. Les communes plaidaient contre leurs anciens seigneurs, à raison des droits de propriété et d'usage dans les forêts qui couvraient une grande partie de ces montagnes. La révolution même n'avait pu mettre fin à ces contestations ruineuses. Le respectable préfet du Bas-Rhin, M. de Lézay-Marnésia, l'ami et l'admirateur d'Oberlin, désirait vivement les voir terminées. Il s'en ouvrit à lui, et le conjura de faire tous ses efforts pour ramener la paix après tant d'années de discorde, lui avouant que nul autre ne lui en paraissait capable. Oberlin le lui promit d'autant plus volontiers, que c'était son propre désir ; et, dès-lors, il ne négligea aucun moyen de parvenir à ce but : dans les conversations particulières, il ramenait souvent le sujet du procès, le représentant comme le fléau du pays, et insinuant qu'un sacrifice volontaire, auquel on devrait la paix, serait de beaucoup préférable à des avantages contestés depuis quatre - vingts ans, qui pouvaient l'être long-temps encore, et dont, en tout cas, on n'obtiendrait jamais la jouissance qu'à la suite des débats les plus fâcheux. En chaire, il revenait fréquemment sur le devoir d'éviter les sujets de discorde, sur les avantages d'un esprit de support et de paix, sur *la charité qui est patiente, qui ne cherche point son propre intérêt et qui excuse tout.* De cette manière, il disposa ses paroissiens à recevoir mieux sa proposition ; et, quand il vit qu'il les y avait suffisamment préparés, il leur déclara franchement qu'il était convaincu qu'ils devraient, autant dans leur intérêt que par devoir, consentir à un accommodement. Son

conseil fut suivi ; les parties accédèrent à une transaction convenable pour toutes deux ; et, après plus de trois quarts de
siècle, le jour arriva enfin où le traité fut signé. Ce que tant
d'années n'avaient pu produire, Oberlin l'obtint par quelques
paroles de conciliation. Le préfet voulut que les habitans ne
pussent pas oublier à qui était dû le rétablissement de la paix.
Sur son invitation, les maires présentèrent en députation au
pasteur la plume qui avait servi à signer l'acte, en le priant de
la suspendre dans son cabinet, comme un trophée de la victoire
qu'il avait remportée sur les haines et sur les passions. La médaille, que lui décerna la Société royale et centrale d'agriculture, servit dans la suite de pendant à cette plume.

On cite un autre exemple, peut-être encore plus touchant,
de la douce et paternelle influence exercée par Oberlin (1).
En 1789, une jeune fille catholique de Schirmeck avait épousé
un habitant protestant de Waldbach. Cet homme avait des
ennemis ; il était riche, et peut-être sa fortune était-elle pour
quelque chose dans les motifs de leur animosité. La jeune
femme accoucha d'une fille ; d'après les conventions des époux,
elle devait être élevée dans la religion de sa mère, et baptisée
par le curé de Schirmeck. Pour s'y rendre, il fallait prendre le
chemin de la montagne ; mais, au moment où ils allaient se
mettre en route, ils furent avertis que les ennemis du mari
avaient formé le projet de les attendre à un détour, de se jeter
sur lui quand il y arriverait, de le maltraiter et d'exiger de lui
avec menaces qu'il consentît à leurs injustes prétentions. Les
époux ne pouvaient renoncer à faire le voyage, car l'ecclésiastique était prévenu de leur arrivée. Ils n'osaient non

---

(1) *Le Pasteur Oberlin ou le Ban-de-la-Roche*, pag. 17.

plus l'entreprendre, à cause du danger dont ils se savaient menacés. Dans ce cruel embarras, ils allèrent consulter Oberlin. Celui-ci les exhorta à se confier en Dieu, et leur proposa de les accompagner, pour les secourir et les protéger, s'il en était besoin. Parvenus au détour d'une forêt, où l'on pouvait craindre une embuscade, Oberlin se mit à genoux; il étendit les mains sur les jeunes gens et s'écria d'une voix forte : « Grand Dieu ! tu vois le crime qui veille et qui conspire; tu vois l'innocence en alarmes. Dieu puissant! écarte le danger ou donne à tes enfans la force de le surmonter! »—En ce moment, plusieurs hommes, cachés derrière un bosquet de hêtres, se montrent à découvert et accourent en poussant des cris menaçans. Oberlin prend le petit enfant dans ses bras; et, s'avançant vers eux avec ce calme qui ne dissimule pas l'indignation, mais qui n'ôte pas non plus l'espoir du pardon : « Le voilà, leur dit-il, cet enfant qui vous a fait tant de mal, qui trouble la paix de vos jours ! » Consternés de la présence du pasteur, qu'ils ne s'attendaient pas à voir servir d'escorte à des gens qui allaient célébrer une cérémonie catholique ; instruits, par le peu de mots qu'il venait de prononcer, qu'il n'ignorait pas leurs mauvais desseins, ils n'essayèrent pas de dissimuler ; mais avouant leurs torts, ils demandèrent pardon au jeune homme et se réconcilièrent avec lui. Délivrés du danger qui les avait menacés, les époux continuèrent seuls leur route pour Schirmeck. Oberlin retourna à Waldbach avec les hommes qu'il avait empêchés de faire le mal ; et, lorsqu'ils furent à l'entrée du village : « Mes enfans, leur dit-il en les quittant, souvenez-vous du jour de la montagne, si vous voulez que je l'oublie ! »

S'il est difficile de ramener à la paix des hommes exaltés par la passion, il l'est également de calmer une multitude, d'autant plus violente qu'elle se sent plus forte. Un jour qu'Oberlin travaillait dans son cabinet, il entendit une grande rumeur dans le village (1). Il aperçut un étranger que presque toute la population accablait d'injures et de menaces. Il perce la foule. De toutes parts on crie : « C'est un juif! c'est un juif! » et ce n'est qu'avec peine que le pasteur obtient silence ; il y réussit cependant et en profite pour leur reprocher avec chaleur de ne pas se montrer dignes eux-mêmes du nom de chrétiens, qu'ils punissent si cruellement ce malheureux de ne pas porter. Puis, chargeant sur ses épaules le ballot de marchandises de l'étranger, il le prend par la main, le conduit jusqu'à sa demeure et le soustrait ainsi à cette fureur aveugle.

A une autre époque, le Ban-de-la-Roche fut une retraite pour beaucoup de personnes de tous les cultes et de toutes les opinions, qui vinrent s'y réfugier de Strasbourg et des environs, pour se mettre à l'abri des excès de la terreur. Oberlin les accueillit avec empressement, et leur rendit tous les services que réclamaient leur qualité d'étrangers et les motifs qui les avaient forcés à quitter leurs foyers. Il ne se doutait pas que, quoiqu'il ne prît aucune part aux démêlés politiques qui agitaient alors les esprits, se bornant à être le pasteur fidèle de son troupeau et le chef paisible de cette colonie de laboureurs, il se verrait lui-même inquiété. On le cita cependant devant le conseil souverain d'Alsace (2), et il eut à se justifier de l'accusation d'avoir engagé ses paroissiens à s'enrôler sous

---

(1) *Le Pasteur Oberlin ou le Ban-de-la-Roche*, pag. 42.

(2) *Promenades alsaciennes*, par le chevalier Paul Merlin ; 2ᵉ partie, pag. 128.

les drapeaux de Joseph II. Non seulement il fut acquitté, comme on le devine, mais encore la cour, instruite, à l'occasion de ce procès, de ses vertus et de tout le bien dont il était l'auteur, lui témoigna ses regrets, après le prononcé du jugement, de ce qu'on l'avait tiré de sa solitude, en interrompant l'exercice de sa charité.

Quelques années auparavant, avait eu lieu l'un des événemens qni ont le plus influé sur ses dispositions intérieures et sur la direction de toute sa vie. Nous voulons parler de la mort de sa femme, arrivée en 1784. Leur affection n'avait fait que se resserrer toujours plus pendant les seize années de leur union. Il en avait eu neuf enfans, dont deux précédèrent leur mère dans l'éternité ; et dont le plus jeune ne vit le jour que dix semaines avant sa mort. Elle mourut à la suite de ses dernières couches. Rien n'avait préparé Oberlin à cette douloureuse séparation. Il fut frappé comme d'un coup de foudre et resta plongé, pendant quelques instans, dans un silence effrayant. Cependant, après cet intervalle d'une morne stupeur, on le vit tout-à-coup tomber à genoux et rendre grâces. Il a lui-même consigné, dans l'écrit que nous avons déjà cité, ce qu'il ressentit en ces cruels momens : « J'éprouvai, dit-il, malgré mon douloureux abattement, la miséricordieuse assistance de Dieu d'une manière signalée. »—Dès-lors, il a été résigné; aucune plainte, aucun murmure ne sont sortis de sa bouche. On peut dire qu'il n'a point cessé de vivre en société avec la femme chrétienne qu'il avait perdue : « Tous les jours, ainsi que le remarque une dame (1) dans les pages qu'elle a

____

(1) Madame Guizot, qui a inséré une sorte de notice sur la vie d'Oberlin, en tête du 3ᵉ volume de *l'Ecolier.*

écrites sur Oberlin, il consacrait des heures entières à se rap-
procher d'elle dans ces élévations d'âme, qui n'ont pas besoin
du secours de la superstition pour rendre sensible la présence
de ceux qu'on aime.» Une réunion prochaine dans les séjours de
l'Éternité était toutefois l'un de ses vœux les plus chers.
« J'espère, disait-il souvent, que le monde où Dieu me réu-
nira à ma femme bien-aimée, s'ouvrira bientôt à moi! » Ce
désir n'avait rien de passager. Il n'était pas seulement le résultat d'une douleur profondément sentie, ni celui d'une mé-
lancolie habituelle; quoique ses chagrins aient pu l'augmenter,
la religion y avait la plus grande part. Comme saint Paul, il
désirait *déloger pour être avec Christ, ce qui lui était beaucoup
meilleur;* il aurait voulu pouvoir déjà unir sa voix à celle de
son épouse pour chanter le cantique de l'Agneau! «J'ai eu, toute
ma vie, » dit-il lui-même (et ces lignes ont été écrites l'année
où il perdit sa femme), «un désir souvent très-vif de mourir. Le
sentiment de mes infirmités morales et de mes fréquentes infidélités n'en fut pas la moindre cause. Mon amour pour ma
femme et mes enfans, mon attachement pour ma paroisse en-
chaînèrent quelquefois ce désir; mais ce ne fut jamais que pendant de courts intervalles. » Ce peu de mots semblent expliquer
le secret de son âme; et, tandis que ces rochers taillés, ces
routes frayées, ce pont jeté sur le torrent, ces champs rendus
fertiles, ces hommes conduits à la civilisation, tous ces travaux
longs et pénibles ne paraissent annoncer qu'un zèle infatigable
et qu'une excessive activité, les lignes que nous venons de citer
montrent quel était le vrai mobile de toute sa vie. Ce qui l'a
rendu le bienfaiteur de ces contrées, ce qui lui a fait consacrer
chaque minute à réaliser ses plans, c'est le sentiment toujours
présent de la mort et de l'éternité. Il savait que son âme lui

serait redemandée, il désirait qu'elle le fût bientôt. C'était afin que, lorsque ce moment serait venu, sa lampe ne fût pas trouvée sans huile, qu'il veillait et priait, cherchant à rendre chaque instant tel qu'il souhaitait que fût celui de son départ. « Des millions de fois, dit-il dans le même écrit, j'ai crié à Dieu pour obtenir de lui de pouvoir m'abandonner comme son enfant à toute sa volonté, tant pour vivre que pour mourir ; de savoir me résigner et ne rien vouloir, ne rien désirer, ni dire, ni faire, ni entreprendre que ce que lui, qui seul est bon et sage, trouvera être le meilleur. »

Ces sentimens sont bien ceux d'un chrétien ; il agit, mais seulement quand il voit quelle est la volonté de son Dieu ; il désire, mais ses désirs s'arrêtent s'il reconnaît qu'ils ne sont pas approuvés du Seigneur.—A cette soumission filiale s'unissait en lui une foi vive, et il mettait toutes ses espérances dans le sang de l'Agneau, qui a été répandu pour la rémission des péchés. Ces bases essentielles du christianisme étaient aussi celles de sa conviction ; mais il voyait, sans surprise et sans peine, que d'autres pensassent différemment que lui sur les points secondaires. Il ne s'en entendait pas moins bien avec eux, réclamant, d'ailleurs, la même tolérance pour quelques opinions qui lui étaient particulières. Il conserva jusqu'à la fin de sa vie des idées qui lui étaient communes avec d'autres chrétiens estimables, mais qui ne nous paraissent pas fondées sur la Bible, ou du moins ne pas y être exprimées de manière à ce qu'on puisse en faire l'objet d'une croyance positive et arrêtée.—C'est ainsi que, s'appuyant sur ce que Jésus-Christ a dit : « *Il y a plusieurs demeures dans la maison de mon Père* », il crut pouvoir se représenter les divers séjours occupés par les âmes au sortir de cette vie. Il exprima sa manière de voir à cet égard, dans un tableau, où ces divers séjours étaient indiqués d'un côté, tandis qu'on voyait de l'autre le temple de Salomon, le torrent de Cédron et la vallée de Hinnom auxquels il les faisait correspondre, et qu'il ne considérait que comme des allégories des demeures dont parle Jésus-Christ. Lorsqu'il commença à manifester ces idées, le Consistoire, dont dépendait son église, crut de son devoir d'en faire le sujet d'une sorte d'enquête, parce qu'il pouvait être à craindre que ses paroissiens, s'ils en étaient sérieusement entretenus, n'en abusassent pour se livrer à de vaines spéculations, au lieu de s'attacher fortement à ce que l'Évangile nous a positivement révélé. Le Consistoire reconnut cependant que le mieux serait de s'en rapporter à la prudence du pasteur, sans le troubler, à cause des théories dont il aimait à s'occuper.

Ce ne sont, d'ailleurs, pas là les seules opinions un peu singulières qu'Oberlin ait professées. Le système de Gall et celui de Lavater trouvèrent en lui un chaud partisan. Pour exercer son talent comme physionomiste, il recueillit un grand nombre de silouettes, tant de ses amis que d'étrangers connus, au bas desquelles il écrivait son jugement sur leur caractère et leurs facultés, et ce jugement était toujours indulgent. Nous avons lu celui qu'il a mis au bas de sa propre silouette ; on y voit qu'il était plus sévère envers lui-même qu'envers les autres.

Il avait une collection de pierres luisantes de toutes couleurs, dont il se servait pour former des conjectures sur le caractère des personnes, d'après la préférence qu'elles donnaient à l'une ou à l'autre ; se rapprochant en cela de Bernardin de Saint-Pierre, qui prétendait aussi pouvoir juger de l'humeur des gens, d'après la couleur sombre ou gaie, nuancée ou tranchante des habits qu'ils portaient.

Les idées particulières d'Oberlin sur la religion ne nuisaient
en rien à ses instructions pastorales ; c'est toujours le pur
Évangile de Jésus-Christ qu'il annonçait à ses paroissiens. Ne
pouvant prêcher à la fois dans tous les villages de sa paroisse,
il prit l'habitude de faire le tour de ses églises. Dans ses dernières années, lorsque son grand âge l'empêchait de faire la
route à pied, les paysans s'arrangèrent de manière à ce que
chacun eût successivement l'honneur de lui amener un cheval,
et de le recevoir à table après le sermon. Il ne consentit cependant à partager leur dîner qu'à condition qu'il paierait
chaque fois son écot, et c'est ce qu'il a toujours rigoureuse-
ment observé. Le maître du cheval l'accompagnait à pied,
portant dans un sac le costume ecclésiastique et les livres dont
il avait besoin, et les habitans de Waldbach le suivaient pour
se rendre au village où il devait prêcher. Si l'on entrait dans
le temple, on ne pouvait se défendre de quelque surprise à
la vue de cette assemblée de paysans, tous proprement vêtus,
assis avec ordre et recueillement, et dont l'attention montrait
que ce n'était pas seulement par habitude, mais vraiment
dans le désir d'être instruits, qu'ils étaient venus. On cessait
d'être étonné que cette instruction leur fût chère et qu'ils en
eussent recueilli les fruits, quand on entendait parler le pasteur ; ses discours étaient simples, tout-à-fait à leur portée,
quelquefois entremêlés d'images qui, dans la chaire d'une
grande ville, auraient pu paraître vulgaires, mais qui là at-
teignaient parfaitement le but. Il tirait volontiers des sujets
d'instruction de la vie de personnes distinguées par leur piété.
Ses allusions fréquentes à un Vincent de Paul et à un Van der
Kemp, et les traits qu'il rapportait d'hommes moins connus,
mais dont l'exemple pouvait également être utile, soutenaient

l'attention de son auditoire. La nature lui offrait aussi un vaste champ de leçons, parce qu'il trouvait dans toutes ses opérations des images des choses spirituelles. La Bible était, d'ailleurs, la grande source à laquelle il puisait; elle a fait l'étude de toute sa vie; et, dans sa prédication, il ne se lassait pas d'en citer de nombreux passages, bien convaincu que la simple exposition de la Parole de Dieu était le meilleur moyen d'agir efficacement sur son troupeau. Ses sermons étaient presque toujours rédigés avec le plus grand soin; et, quand il ne pouvait, faute de temps, les écrire en entier, il en faisait du moins un canevas assez détaillé. D'ordinaire, il les apprenait très-scrupuleusement par cœur; mais en chaire il ne s'attachait guère aux mots, et il lui arrivait même de changer tout-à-fait de sujet, s'il voyait qu'un autre convenait mieux aux besoins que ses auditeurs paraissaient éprouver.

Le catéchisme avait lieu l'après-midi; et, comme ce second exercice était particulièrement destiné aux enfans, Oberlin s'attachait à le rendre encore plus simple que le premier. Dans une de ces instructions, il cherchait à faire comprendre à ses jeunes auditeurs combien on serait aveugle de ne pas consentir à quelques années de peines et de combats, pour obtenir ensuite de la miséricorde de Dieu un bonheur éternel; à cet effet, il aurait voulu leur donner autant que possible une idée de l'éternité: « Mes amis, leur dit-il, si l'on apportait tous les cent ans dans cette chambre un seul grain de sable, il faudrait bien des centaines d'années pour couvrir le plancher d'une seule couche. Ce moment arriverait cependant; mais alors même qu'il serait venu, les bienheureux ne cesseraient pas de moissonner et de jouir, car ils sont immortels; et si l'on continuait à porter un grain de sable aux mêmes intervalles, après beaucoup de milliers de siècles, la chambre serait enfin remplie, mais les bienheureux continueraient à être immortels, et l'éternité serait encore aussi immense que quand on apporta le premier grain ! »

Oberlin avait l'habitude de célébrer tous les vendredis un service en allemand, pour les habitans des environs, auxquels cette langue est plus familière que le français. Ces réunions étaient en général moins nombreuses. On aurait cru voir un vieillard entouré de ses enfans, et leur disant de bonnes choses. Les femmes l'écoutaient ce jour-là sans interrompre leur ouvrage, et il arrivait, de temps en temps, au pasteur qui se sentait comme en famille, de s'interrompre, et, après avoir puisé dans sa tabatière, de la faire circuler dans l'auditoire. Il n'avait rien à lui seul ; tout ce qu'il possédait, il le partageait avec ses paroissiens. Quand il s'était livré, pendant une demi-heure, à des réflexions sur la portion de la Parole de Dieu qu'il venait de lire, il leur disait le plus souvent : « Eh bien ! mes enfans, n'êtes-vous pas fatigués ? N'en avez-vous pas assez ? » Les paroissiens lui répondaient d'ordinaire : « Non, papa, continuez ; nous voudrions en entendre encore un peu ; » et le bon vieillard continuait, répétant plusieurs fois la même question, jusqu'à ce que ses auditeurs, sentant diminuer leur attention, ou voyant qu'il parlait avec plus de peine, le remerciassent des choses qu'il avait dites et le priassent de s'arrêter.

Ce n'est pas en chaire seulement qu'il était zélé à enseigner les vérités de l'Évangile ; il cherchait aussi à les faire connaître par ses conversations à tous ceux avec qui il entretenait des rapports : ses paroissiens ne le quittaient jamais sans être plus instruits, et les étrangers même qui le visitaient n'entendaient de sa bouche que des paroles propres à les édifier. Le préfet du

Bas-Rhin, feu M. de Lézay-Marnésia, avait pour lui beaucoup d'affection et de respect. En voyant, par l'exemple d'Oberlin, quels étaient les fruits de la foi, il désirait croire et s'affligeait des objections qui se présentaient à son esprit. En de tels momens de doute, il allait au Ban-de-la-Roche consulter le pasteur; ils causaient ensemble; et, quand celui-ci avait réussi à résoudre ses difficultés, le préfet était aussi content de sa défaite, qu'Oberlin de sa victoire (1).

Les correspondances qu'il entretenait étendaient au loin son influence chrétienne. On nous a communiqué une lettre qu'il écrivait à une dame éprouvée par de nombreuses afflictions, pour lui faire sentir que c'étaient là des opérations de la grâce, qui devaient servir à la préparer pour l'éternité. Nous aimons à la citer, parce que les premières lignes peuvent donner une idée de l'originalité de son esprit, et que les dernières sont l'expression de sa profonde piété.

« J'ai devant moi, écrivait-il, deux pierres qui imitent les pierres précieuses. Elles sont l'une et l'autre parfaitement semblables en couleur; elles ont la même eau, claire, pure et nette. Cependant il y a entre elles une différence marquée quant à l'éclat et au brillant; l'une en a un éblouissant, tandis que l'autre est matte; en sorte que l'œil ne la considère qu'en passant et sans y trouver de satisfaction. Quelle peut être la cause de cette différence ? La voici : L'une n'est taillée qu'à peu de facettes, l'autre en a dix fois davantage. Ces facettes sont produites par une opération très-violente; il faut tailler, dégrossir et polir. Si ces pierres avaient eu vie et avaient pu sentir à quoi on les soumettait, celle qui a reçu quatre-vingts facettes se serait

---

(1) *Promenades alsaciennes*, 2ᵉ partie, pag. 106.

trouvée bien malheureuse et aurait envié le sort de celle qui, n'en ayant reçu que huit, n'aurait éprouvé que la dixième partie de ses peines. Cependant, l'opération terminée, c'en est fait pour toujours ; la différence reste toujours très-marquée entre les deux pierres ; celle qui n'a souffert que peu est entièrement éclipsée par l'autre qui est seule estimée et qui seule attire les regards. — Ceci ne peut-il pas servir à expliquer ce que disait notre bon Sauveur dont les paroles se rapportent toujours à l'éternité : *Bienheureux sont ceux qui pleurent, car ils seront consolés ;* bienheureux, si on les considère isolément; bienheureux, si on les compare à ceux qui n'ont pas passé par autant d'épreuves ! Oh ! puissions-nous toujours nous jeter entre ses bras comme de petits enfans, nous approcher de lui comme de jeunes agneaux, et toujours lui demander de la patience, de la résignation, un entier abandon à sa volonté, de la foi, de la confiance et une obéissance du cœur aux commandemens qu'il donne à ceux qui veulent être ses disciples. *Le Seigneur, l'Éternel essuiera les larmes de tous les visages* (Ésaïe, XXV, 8). »

Nous avons cité à dessein ce passage, parce qu'il est propre à montrer comment Oberlin savait utiliser les choses visibles et qui frappaient les sens pour faire comprendre les invisibles. Les paysans aimaient sa prédication toujours claire, appropriée à leurs besoins et de nature à produire de durables effets. Pour se convaincre que ces effets ont vraiment eu lieu, il suffit de comparer ce qu'était le Ban-de-la-Roche, avec ce qu'il est maintenant, sous le rapport de la morale et de la religion, comme nous l'avons déjà fait pour l'agriculture et pour l'industrie. Sans doute il y a encore beaucoup de légèreté, de mollesse et de goût pour la dissipation parmi ces hommes qu'il s'efforçait d'amener au Sauveur ; ce qui lui causait souvent de vives angoisses, en sorte qu'on l'entendait gémir des nuits entières, en criant : « O ma paroisse ! ma pauvre paroisse ! » et prier pour elle de toutes ses forces. Mais cependant il s'y trouve beaucoup d'âmes pieuses qui sentent qu'il leur faut être régénérées pour être sauvées, et l'on peut dire avec vérité que ces montagnes se font remarquer en France par la foi qui y règne et les vertus qu'on y pratique. L'influence d'Oberlin n'eut d'abord d'autre résultat que de détourner les habitans des fautes graves ; il en engagea plusieurs à déposer entre ses mains, pour la restituer aux propriétaires des bois voisins, la valeur en argent de quelques coupes illicites que la misère les avait autrefois portés à faire ; mais dans la suite il les conduisit au-delà de cette exacte probité, et les initia à tous les mystères de la charité que nous révèle l'Évangile. Aujourd'hui, à la mort d'un père ou d'une mère pauvre, laissant une nombreuse famille, les parens, les amis et les voisins du défunt se chargent de ses enfans et en prennent soin. Il y a presque dans chaque ménage un ou deux de ces enfans adoptifs, et l'on songe à peine à vous dire qu'ils ne sont pas de la maison. Une pauvre paroissienne d'Oberlin, nommée Sophie Bernard, a ainsi recueilli neuf enfans étrangers, qu'elle arracha successivement à la misère. Du consentement de ses parens, elle en avait adopté trois, que leur cruel père maltraitait, lorsque, mourant de faim, ils lui demandaient du pain. Mais plus tard en ayant sauvé du besoin, d'abord quatre, puis encore deux autres, elle fut obligée de louer une chaumière pour les loger, celle de ses parens ne pouvant plus les contenir. Elle apprit à filer à ces pauvres orphelins, et c'est par leur travail et par le sien qu'elle pourvut à leur entretien jusqu'à ce qu'ils fussent tous élevés.

Un jeune homme lui offrit de l'épouser ; et, comme elle paraissait ne pas vouloir y consentir, il déclara que, s'il le fallait, il attendrait dix ans pour obtenir sa main. Elle lui avoua alors que le motif de son refus était la douleur qu'elle aurait à se séparer de ses petits orphelins.— « Qui prend la mère, prend les enfans, » répondit le jeune homme, et c'est à cette condition que le mariage se fit. Non-seulement elle a été observée, mais les époux ont même adopté depuis plusieurs autres orphelins. Sophie Bernard n'est morte qu'il y a trois ans, dans un âge avancé. Le Ban-de-la-Roche a perdu en elle un modèle, une mère, une consolatrice et une amie.

Si les exemples d'un pareil dévouement ne sont pas nombreux, on remarque du moins, assez généralement, la pratique des vertus que le christianisme inspire (1). Les jeunes gens secondent les vieillards et les malades dans leurs travaux champêtres. Le soir, leur tâche finie, ils se donnent le mot et vont faire en commun un travail qui, par son but charitable, devient un délassement. S'agit-il de bâtir une cabane nouvelle, ce sont encore les jeunes gens qui prennent sur eux le soin d'amener les matériaux et de mettre la main à l'œuvre partout où il en est besoin. La vache, unique soutien du pauvre, vient-elle à manquer, toute la paroisse se cotise pour la remplacer aussitôt. Que l'un des habitans soit visité d'un malheur quelconque, ce n'est pas seulement lui qui souffre ; son chagrin est généralement partagé. Ces choses n'ont pas lieu par une sorte d'entraînement ou parce que l'habitude les a introduites, mais elles sont le résultat de la conviction de chaque individu qui,

---

(1) Lettre de Mme Rauscher-Oberlin à la Société biblique auxiliaire de femmes de Paris.

en prenant part au bien qui se fait par toute la population, fait aussi le bien en particulier, l'Évangile lui ayant appris à l'aimer et à le pratiquer. C'est ainsi qu'une jeune fille a refusé de se marier, pour consacrer aux bonnes œuvres ses talens, son temps et ses forces, ne s'accordant que le strict nécessaire et employant tout le reste de son petit avoir à soulager de plus malheureux qu'elle, et à soutenir les belles et pieuses institutions qui se sont formées de nos jours.

Ces institutions ont en partie été connues au Ban-de-la-Roche, avant que de l'être dans le reste de la France. L'une des premières qui fixa l'attention d'Oberlin, est cette Société des Missions qui envoie des messagers de paix auprès des malheureux esclaves, afin de les consoler, de les soulager et de leur porter l'Évangile du Fils de Dieu, comme le remède le plus efficace. Sa femme vivait encore à cette époque. Aussitôt qu'ils furent instruits que de pieux chrétiens quittaient leur patrie dans ce but, ils se défirent, d'un commun accord, de toute leur argenterie pour contribuer à une si belle œuvre par le produit de sa vente, s'affligeant de ne pouvoir envoyer davantage. Son imagination ayant été vivement frappée de la peinture du triste sort des esclaves nègres, employés à la culture du sucre et du café, il résolut de ne jamais goûter ni de l'un ni de l'autre, et il s'astreignit à cette loi, quoique son estomac, qui en avait pris l'habitude dès son enfance, eût beaucoup de peine à se faire à ces privations.

Nous avons dit précédemment qu'on possède depuis longtemps la Bible au Ban-de-la-Roche, mais le nombre d'exemplaires qui y étaient parvenus avait diminué par l'usage et n'était plus suffisant. Le nom et le zèle du pieux pasteur n'étaient pas inconnus en Angleterre ; et, dès l'année même où la

Société biblique se forma à Londres, elle se mit en correspondance avec lui. Bientôt s'organisa à Waldbach un petit comité qui devint le principal centre de la distribution des Saintes-Écritures en France. Il se composait d'Oberlin père, de Henri Oberlin, son digne fils, et de M. Daniel Legrand, qui établirent des dépôts sur tous les points de la France, et plus de 10,000 Bibles et Nouveaux-Testamens furent mis par eux en circulation, avant que la Société biblique de Paris fût formée.—Une lettre qu'Oberlin adressa au Comité de Londres donna l'idée à celui-ci de former des associations bibliques de femmes, idée qui depuis a été réalisée dans tous les pays où l'on s'occupe de la propagation de la Parole de Dieu. M. Owen lui a rendu ce témoignage dans son histoire de la Société biblique : « Nous avons cette obligation, dit-il, à cet homme extraordinaire qui a tant fait avec la simplicité d'un patriarche, et le zèle d'un apôtre pour avancer à la fois le bien-être spirituel et temporel de son troupeau. » La lettre à laquelle il est fait allusion contient un récit de la manière dont trois respectables femmes de sa paroisse savaient prendre une part active à ses travaux, soit en faisant à leurs voisins la lecture de la Bible, soit en leur prêtant le Volume sacré. Ces femmes sont, l'excellente Sophie Bernard dont nous avons déjà eu occasion de parler, Catherine Scheidecker et Marie Schepler; ces deux dernières vivent encore, mais Catherine est bien infirme. On peut reconnaître en elles quelle influence puissante la Parole Sainte exerce, par la grâce de Dieu, sur les cœurs, tellement que des personnes de la condition la plus humble peuvent être élevées par elle au-dessus de leur état et devenir étonnantes sous le rapport du développement intellectuel, comme sous celui du développement religieux. Aujourd'hui tous les protestans de la paroisse, et même tous les catholiques des environs qui l'ont désiré, possèdent la Bible. Ils contribuent selon leurs moyens à la faire parvenir à ceux qui ne l'ont pas encore, sans qu'il y ait toutefois au Ban-de-la-Roche de Société biblique proprement dite, dirigée par des réglemens. On s'assemble seulement le soir de certains jours; et, après la lecture de quelques chapitres de la Bible, on se prosterne pour implorer la grâce de Dieu sur tout le village, sur toute la paroisse et sur toutes les institutions pieuses. Puis on fait une collecte dont le produit est déposé dans une caisse spéciale, jusqu'à ce qu'il soit envoyé aux Sociétés bibliques et des Missions, dont les comptes annuels ont montré qu'il est important. Une circonstance encore plus essentielle que des chiffres, c'est que chacun donne de bon cœur, parce que chacun comprend quel est le but pour lequel il donne; c'est surtout que chaque village a ses apôtres, ses sacrificateurs qui prient jour et nuit pour la conversion de tous; et qui sait pour combien sont leurs prières dans le succès que le Seigneur accorde!—Ces contributions pour des objets religieux ne les empêchent pas de consacrer régulièrement des sommes assez fortes, relativement à leurs moyens, à des buts de charité. Oberlin a toujours cherché à leur persuader de mettre à part la dîme de leur revenu, afin de l'offrir de cette manière à l'Éternel : et ils venaient en effet la lui porter en hardes, en vivres et en argent, qu'une femme pieuse, Louise Schepler, qui était entrée à son service à l'âge de quinze ans et qui dirigea sa maison depuis la mort de sa femme, l'aidait à distribuer avec discernement. Ce n'est pas qu'il y eût beaucoup de pauvres dans la paroisse, mais ce que l'on savait des dispositions du pasteur et des habitans en attirait un grand nombre de tout le voisinage.

Plus Oberlin voyait que ses paroissiens répondaient à ses soins, plus lui-même était porté à se dévouer à leurs intérêts. Ses ressources pécuniaires n'étant pas suffisantes pour exécuter tout ce qu'il se proposait, il chercha à s'en procurer de nouvelles; et, dans ce but, il établit à Waldbach une pension, où il eut souvent jusqu'à douze élèves, et dont il employait, pour la plus grande partie, le produit au profit de ses paroissiens. De cette manière il put, peu à peu, leur procurer diverses choses qui leur manquaient; entre autres, une grande pompe à feu, et une autre plus petite. Mais ce n'est pas seulement de sa fortune qu'il se montrait prodigue envers eux, et économe pour lui-même. Il en usait de même avec son temps, enlevant au sommeil tout celui qu'il pouvait, pour le consacrer à sa paroisse. Quand il avait à faire à Strasbourg, où il ne se rendait d'ailleurs jamais que dans les intérêts de son troupeau, il partait de nuit, pressant son cheval afin d'arriver plus vite, se hâtait de soigner les affaires de ses paroissiens, de visiter les amis dont il espérait obtenir des secours pour l'exécution de ses plans, d'acheter le remède dont un malade avait besoin; puis il repartait avec la même célérité; et, à peine de retour, on le voyait déjà gravir les rochers, afin de porter à ce malade le médicament qui pouvait servir à sa guérison, ou de le préparer, si le Seigneur avait résolu de lui redemander son âme, à une éternité bienheureuse. Lui-même étudia la médécine; mais, comme les fonctions de son ministère ne lui en auraient pas permis l'exercice, il la fit étudier à un jeune homme de la paroisse, qui réussit complétement; il envoya aussi des sages-femmes à Strasbourg pour s'y perfectionner dans leur art.

Tant de bienfaits devaient inspirer de la reconnaissance; aussi Oberlin était-il aimé de tous comme un père. L'étranger qui visitait le Ban-de-la-Roche, n'entendait prononcer son nom qu'avec des bénédictions, depuis son entrée dans la vallée jusqu'au moment où il la quittait. Ses paroissiens lui donnèrent plusieurs preuves de leur attachement. L'une des plus touchantes fut celle qu'il en reçut à l'époque de la mort de son fils Henri. Ce jeune homme, qui s'était voué à l'état ecclésiastique, et qui donnait les plus belles espérances, fit, en 1815, une tournée dans le midi de la France, afin de reconnaître l'état des protestans, d'examiner les moyens de les unir plus étroitement par des liens religieux, et de les pourvoir plus généralement des Saintes Écritures. Un incendie ayant éclaté dans une des villes de son passage, il voulut y porter du secours ; mais ayant pris froid, il sentit les premières atteintes d'une maladie qui le conduisit au tombeau. De retour dans la vallée, il se logea à Rothau, afin d'être plus à portée de recevoir les conseils de son frère, qui exerçait la médecine. Mais quand il sentit sa fin approcher, il désira être conduit dans la maison de son père pour y mourir. Douze paysans offrirent aussitôt de le porter sur un brancard jusqu'à Waldbach, distant d'environ deux lieues. Comme le grand air l'incommodait, on fut obligé de le placer sur un chariot couvert. Alors les fidèles paysans se mirent à précéder la voiture, écartant tout le long de la route les pierres qui auraient pu causer le moindre cahot.

Oberlin les payait bien de retour. Quelque offre brillante qu'on pût lui faire, il refusa toutes les places, afin de rester à son cher Waldbach. Une seule fois, mais c'était dans les commencemens de son ministère, il hésita s'il n'accepterait pas une vocation qui lui fût adressée pour la Pensylvanie. Pendant deux ans, on avait inutilement cherché un pasteur pour ce poste. Instruit de cette circonstance, et convaincu que le devoir d'un soldat de Christ est de se rendre là où d'autres ne veulent pas aller, Oberlin témoigna qu'il était disposé à partir, puisque le Ban-de-la-Roche serait plus facile à pourvoir qu'une cure aussi éloignée. Sa femme était animée des mêmes sentimens; mais, tandis qu'ils attendaient des renseignemens plus précis, la guerre éclata entre l'Angleterre et l'Amérique, ce qui empêcha son départ. Dans la suite, il se montra inaccessible à toutes les sollicitations qui lui furent souvent faites, répondant à ceux qui auraient voulu l'engager à accepter des paroisses plus considérables, qu'il ne faut pas quitter le poste qu'on est chargé de défendre, tant qu'on n'en a pas reçu l'ordre positif de son général. Rien de plus touchant que les vœux qu'il faisait pour sa chère paroisse, et qu'il a consignés dans un écrit que nous avons déjà plusieurs fois cité. Nous aimons à les rapporter ici :

« O ma chère paroisse! Dieu ne t'oubliera et ne t'abandonnera pas. Il a sur toi, comme je l'ai souvent dit, des pensées de paix et de miséricorde. Toutes choses iront bien pour toi! Attache-toi seulement à lui et laisse-le faire! Oh! puisses-tu oublier mon nom, et ne retenir que celui de Jésus-Christ, que je t'ai annoncé! C'est lui qui est ton Pasteur; pour moi, je ne suis que son serviteur. Il est le bon Maître qui, après m'avoir dressé et préparé dès ma jeunesse, m'a envoyé vers toi, afin que je te sois utile. Il est seul sage, bon, tout-puissant et miséricordieux; et moi, je ne suis qu'un homme pauvre, faible et misérable.

« O mes amis! priez afin que vous deveniez tous ses chères brebis. Il n'y a de salut en aucun autre qu'en Jésus-Christ, et Jésus vous aime, vous cherche et est prêt à vous recevoir! Allez à lui, tels que vous êtes, avec tous vos péchés

4*

et toutes vos infirmités. Lui seul peut vous en délivrer et vous guérir. Il vous sanctifiera et vous perfectionnera. Soyez à lui! A mesure qu'il en mourra d'entre vous, qu'ils meurent tous en lui! Que je puisse aller à votre rencontre, et vous accompagner, avec chants de triomphe, dans les demeures de la félicité, devant le trône de l'Agneau!

«Adieu, chers amis, adieu! Je vous ai beaucoup aimés; et la sévérité même, dont j'ai quelquefois cru nécessaire de faire usage, n'avait pour cause première et principale que le vif désir de contribuer à vous rendre heureux!

« Dieu vous récompense de vos services, de vos bienfaits, de la déférence et de la soumission que vous avez eue pour son pauvre et indigne serviteur; qu'il pardonne à ceux qui se sont mis en opposition avec moi et qui m'ont fait de la peine ; sans doute, ils ne savaient pas ce qu'ils faisaient.

« O mon Dieu! que ton œil veille sur mes chers paroissiens; que ton oreille soit ouverte pour les entendre, ta main étendue pour les exaucer et les protéger!—Seigneur Jésus, tu me l'avais confiée cette paroisse, à moi, si faible et si misérable! Oh! souffre que je te la recommande et que je la remette entre tes bras. Donne-lui des pasteurs selon ton cœur; ne l'abandonne jamais. Dirige toutes choses pour son salut. Eclaire-les tous, conduis-les, aime-les, bénis-les; que petits et grands, préposés et particuliers, pasteurs et paroissiens se rencontrent tous en leur temps dans ton paradis! Amen! Amen! O Dieu! Père, Fils et Saint-Esprit, prononce avec nous : Amen! »

C'est ainsi qu'il priait pour vous, ô ses paroissiens, durant ces quarts d'heure et ces heures entières qu'il savait trouver, au milieu de ses nombreux travaux, pour se prosterner devant

Celui qui seul est la source où l'on puise de pareilles forces, un tel amour et un tel dévouement! Que ses vœux soient entendus, aujourd'hui que vous le pleurez et qu'il prie sans doute dans le ciel, comme il a prié sur la terre!

Dans les dernières années de sa vie, quand son âge avancé lui eut interdit l'exercice de la plupart des fonctions pastorales, et qu'il fut obligé de se reposer de ce soin sur son gendre, c'est à de tels vœux et à des prières continuelles que se bornait presque ce qu'il pouvait faire pour son troupeau. Ses forces avaient beaucoup diminué; sa taille, il est vrai, ne s'était pas courbée, mais ses yeux avaient perdu de leur feu, et la blancheur de ses cheveux annonçait son âge avancé. Il ne sortait plus de chez lui que lorsqu'il ne pouvait s'en dispenser, et consacrait, pour se distraire, plus de temps qu'autrefois au travail de cabinet et à l'étude. C'est de cette époque que datent divers manuscrits qu'il a laissés à sa mort. Une réfutation de l'ouvrage de Cicéron *sur la vieillesse*, rédigée en 1825, paraît être le dernier auquel il ait mis la main. Du reste il était rarement incommodé.—Sa dernière maladie se déclara tout à coup, et fut de courte durée. Le dimanche, 28 mai dernier, il eut des frissons et une défaillance qui se prolongea fort avant dans la nuit. La journée du lundi et celle du mardi se passèrent en alternatives de connaissance et de défaillance. Il s'écriait souvent, quand il en avait la force : « Seigneur Jésus, rappelle-moi bientôt! Toutefois que ta volonté se fasse! » Le mercredi, il parut considérablement affaibli par des convulsions qu'il éprouva. Néanmoins, il ne cessait de témoigner par des signes, et, quand il le pouvait, par des mots, la tendre affection qu'il ressentait pour ses enfans, ses amis, sa fidèle ménagère Louise, et pour tous les membres de son troupeau. Durant la nuit du mercredi au jeudi, 1ᵉʳ juin, qui fut très-alarmante pour les assistans, et qui devait être la dernière, il ne cessa presque pas de pousser des cris plaintifs. Dans les intervalles de repos, il saisissait la main de l'un ou de l'autre de ses enfans, et la pressait sur son cœur. Déjà il avait perdu l'usage de la parole, les jambes et les bras étaient devenus froids, lorsqu'il sembla retrouver quelque force pour ôter son bonnet, joindre les mains et élever une dernière fois ses regards vers le ciel. Après ce dernier effort, ses yeux se fermèrent pour ne plus se rouvrir. Il était six heures du matin ; mais ce n'est qu'à onze heures un quart que son âme quitta sa dépouille mortelle, et que la cloche de la vallée annonça aux habitans qu'ils avaient perdu le pasteur qui, pendant près de soixante ans, avait travaillé et prié pour eux. Il était âgé de 86 ans.

Qu'on se représente la douleur de sa famille et celle de tous les paysans qui faisaient aussi partie de sa famille, et qui lui devaient, ainsi que leurs pères et leurs grands-pères, la civilisation et la connaissance de l'Evangile. Mais si lui-même n'est plus au milieu d'eux, s'il ne peut plus être leur conseiller et leur guide, du moins le souvenir de ses leçons demeurera, et le Seigneur continuera peut-être, en les bénissant, à exaucer ses longues et ardentes prières en leur faveur.

Les soins d'Oberlin pour ceux qui avaient des droits particuliers à son affection s'étendirent jusqu'au-delà de sa mort. Il voulut surtout témoigner sa reconnaissance à l'excellente Louise, qui l'avait servi pendant cinquante ans. Cette femme remarquable n'avait jamais voulu accepter aucun salaire, afin d'être comme amie dans la maison. Elle se bornait à demander à son maître ce dont elle avait besoin ; et, quoique celui-ci eût recours à plusieurs moyens détournés pour lui faire parvenir de l'argent, sans qu'elle sût qu'il venait de lui, elle devina toujours quelle était la source d'où elle le recevait, et força le vieillard à le reprendre. Il a laissé une lettre cachetée, qui ne fut ouverte que quelques jours après sa mort. Elle était tout entière relative à Louise ; et, après avoir parlé de ses qualités et des services qu'il en avait reçus, il priait ses enfans de la traiter comme une sœur. Ceux-ci, pour entrer complétement dans ses vues, ont voulu que, comme eux, elle eût part au petit héritage qu'il a laissé ; mais Louise a refusé d'y consentir ; elle a seulement accepté le logement qui lui a été offert, et la permission d'ajouter le nom d'Oberlin à celui qu'elle porte. L'un des enfans nous a écrit à son sujet : « Il est superflu de dire que, tant qu'il existera un rejeton d'Oberlin, elle ne manquera de rien, à moins que lui-même ne fût réduit à la misère. »

Tandis que la paroisse entière se livrait à la douleur, se faisaient les apprêts des funérailles, qui eurent lieu le 5 juin (1). On était venu de tous les lieux environnans pour y assister ; et, parmi cette foule, personne peut-être n'était attiré par une frivole curiosité ; tous l'étaient par le besoin de donner une dernière preuve de vénération et d'amour à la mémoire du bon pasteur. La cérémonie fut simple et touchante ; le cercueil, que le respectable M. Legrand avait fait disposer, était recouvert d'un vitrage qui permettait de voir le corps. Au moment où l'on allait se mettre en route, le président du Consistoire y plaça le costume ecclésiastique qu'Oberlin avait dignement porté pendant son long ministère. Le vice-président y déposa la Bible, qui fut toujours la base de ses instruc-

____

(1) Relation des funérailles de Jean-Frédéric Oberlin.

tions ; et le maire attacha au drap funèbre la décoration de la Légion-d'Honneur, décernée, quelques années auparavant, au défunt par Louis XVIII, en reconnaissance de ce qu'il avait créé le bien-être de toute une population. Le cercueil fut porté par les maires et les anciens ; à la tête du convoi marchait l'homme le plus âgé du Ban-de-la-Roche ; il portait dans ses mains une croix que Louise lui avait donnée, et qui devait être plantée sur la tombe. Les premiers membres du cortége étaient déjà arrivés à l'église de Fouday, que les derniers, tant l'affluence était grande, n'avaient pas encore quitté la demeure du défunt, quoiqu'elle fût distante d'une demi-lieue. Au moment où l'on approcha du village, une nouvelle cloche, qui sonnait, pour la première fois, à cette triste occasion, se fit entendre ; elle était offerte en don par M. Legrand, en mémoire de ce jour de deuil.

Le cercueil fut placé dans l'intérieur du temple. Il y entra autant de personnes que son étroite enceinte pouvait en contenir ; les autres s'arrêtèrent, dans un profond recueillement, sur le cimetière et dans les rues voisines.— M. Jaegle, président du Consistoire de Barr, monta en chaire et lut l'écrit d'Oberlin, daté de 1784 et trouvé parmi ses papiers, dont nous avons déjà cité plusieurs fragmens, dans le courant de cette notice. Cette lecture dut produire un bien grand effet dans cette circonstance solennelle. Il lut aussi les deux passages suivans ; l'un tiré du 103ᵉ psaume :

Mon âme, bénis l'Eternel, et que tout ce qui est en moi bénisse le nom de sa Sainteté ; mon âme, bénis l'Eternel et n'oublie pas un de ses bienfaits : c'est lui qui pardonne toutes tes iniquités, qui guérit toutes tes infirmités, qui retire ta vie de la fosse et t'environne de bonté et de compassion.

L'autre, extrait du 7.e chapitre de l'Apocalypse :

Ce sont ceux qui sont venus de la grande tribulation et qui ont lavé leurs robes et les ont blanchies dans le sang de l'Agneau. (v. 14.)

Oberlin avait lui-même choisi ces passages pour servir de texte au discours qui serait prononcé à ses funérailles. M. Jaegle en fit le sujet des réflexions auxquelles il se livra. M. Braunswald, vice-président du Consistoire, prit la parole après lui. Un avocat, M. Stœber, qui a toujours entretenu les rapports les plus intimes avec Oberlin, et qui prépare, à ce qu'on assure, un travail assez étendu sur sa vie, lut en allemand quelques strophes touchantes, qui viennent d'être traduites par un poète français. M. Bédel, médecin cantonnal à Schirmeck, prononça aussi quelques mots à la louange du pasteur, dont les larmes de toute cette multitude furent sans doute la plus éloquente oraison funèbre. La fosse était creusée à l'ombre d'un saule pleureur, planté sur le tombeau d'Henri Oberlin. Le cercueil y fut descendu ; et, quand il eut été recouvert de terre, les habitans, tristes, mais résignés, se séparèrent dans un religieux silence, et regagnèrent leurs villages où leurs cabanes isolées, où le pieux Oberlin ne devait plus venir leur porter du secours, leur donner des conseils, les consoler ni les instruire.

Un monument digne de lui sera élevé à sa mémoire, et une souscription a été ouverte à cet effet (1) ; ce sera une fondation de charité qui portera son nom, et qui aura pour but de

---

(1) On souscrit à Fouday (*Ban-de-la-Roche*), chez MM. Legrand père et fils ;

<table>
<tr><td>à Paris,
à Strasbourg,
à Londres,</td><td>}</td><td>chez MM. Treuttel et Würtz.</td></tr>
</table>

pourvoir aux besoins physiques et moraux des habitans du Ban-de-la-Roche, perpétuant parmi les générations futures l'influence de ses bienfaits et le souvenir de son exemple.

Nous avons raconté ce qui a eu lieu sur la terre; mais qui, après avoir suivi des yeux le cercueil qu'on a descendu dans la fosse, n'a pas levé les regards au ciel dans le sentiment de ce qui s'y passe? Si les hommes ont pleuré, il y a eu de la joie parmi les anges; si le temps a perdu un juste, l'Éternité a gagné un saint. Celui qui avait travaillé a été recueilli en son repos; celui qui avait prié, a été exaucé. Il a été revêtu de la robe de noces, parce qu'il a été lavé dans le sang de l'Agneau; et c'est parce qu'il a confessé qu'il était un serviteur inutile, qu'il a reçu la couronne et qu'on le nommera bienheureux.

APPENDICE.

VISITE

FAITE AU BAN-DE-LA-ROCHE,

EN SEPTEMBRE 1825 (1).

Le Ban-de-la-Roche ressemble assez au pays d'En-Haut; c'est une suite de vallons extrêmement resserrés; je dus faire une demi-lieue à pied, pour arriver au village qu'habite le cher papa; c'est ainsi que la reconnaissance désigne celui qui, depuis cinquante-six ans, s'est dévoué à cette paroisse. Le chemin auquel le pasteur a travaillé de ses propres mains à la tête de ses paroissiens, longe un ruisseau limpide, dont le murmure interrompait seul le silence de la vallée, qui se resserre de plus en plus en s'élevant. Plus loin, des hommes et des femmes ramassaient paisiblement ce foin précieux que la Providence nous donne gratuitement. Je fus étonné de l'air éveillé de ces paysans et de la politesse de leurs manières.

Je fis demander quand je pourrais me présenter à la cure; sur la réponse que c'était dans le moment même, j'y courus.

---

(1) N'ayant pas eu nous-même le bonheur de connaître le vénérable Oberlin, nous nous félicitons de pouvoir mettre sous les yeux de nos lecteurs les détails d'une visite faite au Ban-de-la-Roche, en septembre 1825. Ils serviront à leur montrer ce qu'était son digne pasteur dans les derniers temps de sa vie; et notre notice ne pouvant exprimer que les sentimens produits en nous par ce que nous avons appris de sa foi et de ses vertus, nous aimons à leur faire part de ce que d'autres ont ressenti en le voyant et en l'entendant lui-même. L'auteur de ce récit est un pieux ministre de l'Evangile.

Louise m'introduisit dans la chambre de son maître; c'est la ménagère de M. Oberlin, qui, orpheline et recueillie dans cette maison, y sert depuis cinquante ans; c'est elle qui a élevé tous les enfans du pasteur, dont la femme est morte depuis quarante-cinq ans; aussi les enfans l'embrassent-ils comme leur mère. Son affection et ses soins pour son maître sont au-delà de toute expression; mais pourrait-on être différent dans cette maison de paix, et envers un homme, modèle de douceur, de simplicité, d'humilité et de piété? Oberlin, assis près de sa croisée, lisait attentivement l'Évangile. Il ne remarqua pas notre entrée, et Louise dut aller frapper légèrement sur son épaule. « Cher papa, voici le monsieur », lui dit-elle. Il vint alors me donner la main; elle était glacée, et je ne pus m'empêcher de frissonner. Le calme de sa figure est remarquable; il y a de la noblesse dans le haut; sa bouche est affable; sa conversation est pleine de charité et de piété. Je restai trois heures avec lui; que n'y suis-je encore pour sentir pénétrer dans mon âme les sentimens les plus nobles et les plus doux, les résolutions les plus généreuses, la confiance la plus profonde! Il serait trop long de vous communiquer toute notre conversation, ou plutôt tous ses discours; car je me bornai presque à l'écouter. Il raconte avec simplicité ce qu'il a fait, ou, comme il s'exprime à cet égard, ce que Dieu a fait par lui, pour tirer cette paroisse de l'ignorance et de la misère dans laquelle elle était plongée. Il n'y a rien qu'il n'ait entrepris pour développer les intelligences, et il y est admirablement parvenu; mais il a fallu du temps et passer par bien des épreuves. Tout son désir était de faire de ses paroissiens de vrais enfans de Dieu, et pour cela il a jugé d'abord nécessaire de les éclairer et de les soustraire au besoin. Sa patience a été persévérante et son zèle sans relâche. Gêné pour lui-même, aucun sacrifice ne lui a coûté; «aussi, me disait Louise, il n'a rien amassé pour ses enfans, mais il leur léguera la bénédiction céleste, et aucun d'eux ne manque de pain.»

Quand on s'étonne des peines qu'il s'est données : «Notre cher Sauveur, dit-il d'un ton pénétrant, notre cher Sauveur, que n'a-t-il pas souffert pour nous ! Rien n'est difficile quand on le fait pour lui ; dévouons-nous à lui, soyons tout à lui ! » A propos de la nécessité pour un ministre de faire, de la Sainte-Écriture, sa nourriture ordinaire : « La Bible ! disait-il du fond de l'âme, et en joignant les mains, la Bible ! la chère Bible ! » et ses yeux se mouillaient de larmes. — N'en soyons pas étonnés ; il a été à même d'en sentir tout le prix ; car elle a été, selon son propre aveu, sa consolation dans de nombreuses et rudes épreuves ; elle a été sa force et le mobile de ses actions. De tout temps, sa maxime a été : *Rien sans Dieu*, et, depuis le commencement de son ministère : « *Tout au Sauveur !* » Son ouïe est un peu affaiblie depuis un accident, et la mémoire des mots l'abandonne souvent ; alors il se tourne vers Louise qui lui aide à les trouver. Elle venait de sortir ; il se trouva embarrassé ; il l'appela : « Ma chère fille, je ne puis pas me passer de toi, tu le sais. » — « Oui, cher papa, me voici ! »

Je retournai profondément touché chez mon hôte ; sa femme me tint compagnie ; pendant le souper, elle me lut un morceau de sa composition sur la mort d'un fils de M. Oberlin, qui avait été son suffragant. La résignation sublime du père, les regrets de la paroisse y étaient tracés avec vérité.

Le lendemain, je me rendis encore à la cure pour descendre avec le pasteur et un jeune ministre dans un autre village où ce dernier devait faire le sermon. Je fus reçu avec un doux sourire ; il me parla beaucoup de Lavater son ami et de Gall. L'expérience qu'il a faite de leurs systèmes l'a convaincu de leur réalité ; il s'en est servi avec avantage pour donner des exhortations salutaires à plusieurs de ses paroissiens. Il est vrai qu'il avait toujours l'œil sur eux ; un registre était même destiné à consigner ses observations.

Tout excite en lui des réflexions religieuses. Me parlant de l'immense diversité des talens, des caractères, il s'arrêta, joignit les mains et s'écria du fond de son âme : « Oh ! Dieu est grand, il est immense ; et pourtant il nous est permis de l'appeler notre Père ! Oh ! quel Dieu ! » A l'occasion de quelques exemples d'indocilité et de fierté dont il fut question, il cita ce passage de Jésus-Christ : *Je suis doux et humble de cœur,* et ajouta : «Comprenez-vous bien tout ce que cette expression renferme? Nous sommes si orgueilleux, si fiers, et Jésus, Jésus notre grand Dieu, est doux et humble de cœur!.....»

J'ai tort peut-être de répéter ces phrases dépouillées de l'accent et de l'air avec lesquels elles furent prononcées; elles pourraient peut-être vous donner une fausse idée de l'autorité qu'ont toutes les paroles de cet homme ; il faut les entendre de sa bouche pour en comprendre la force. Ce qu'il dit est simple, extrêmement simple, mais il le dit comme jamais on ne l'a entendu dire, et d'une manière qui se grave au fond du cœur. En ce moment je crois l'entendre encore, et je me sens ému. Homme de Dieu, sois béni!!!....

La vérité exige que je dise que ses idées ne sont pas toutes également profondes ; depuis que sa faiblesse l'empêche de s'occuper activement de son troupeau, la chaleur de son âme, concentrée en elle-même, a donné plus de jeu à son imagination et lui a fait adopter des idées qu'auparavant il traitait de fantastiques.

Nous nous mîmes en route pour nous rendre au sermon; le village de Waldbach est très-rapide; le cheval qu'il devait monter fut envoyé au bas du village, et nous y descendîmes à pied. Il touchait la main à chaque enfant qu'il rencontrait; plusieurs venaient d'eux-mêmes vers lui, et tous éprouvaient de la joie de son affabilité. « Jésus, dit-il souvent, aimait les enfans, c'est à ceux qui leur ressemblent qu'il promet le royaume des Cieux. » Il monta à cheval jusqu'à une demi-lieue de là; les paroissiens, rassemblés auprès de l'église, firent une espèce de haie, chapeaux bas. M. Oberlin s'adressait à tous comme à ses enfans. Tous les régens vinrent toucher la main du *papa.* Après le sermon, il baptisa en tenant lui-même l'enfant sur ses bras, et profita des vœux qu'il faisait pour lui, pour rappeler aux parens leurs devoirs; quelques reproches qu'il leur adressa les émurent extrêmement. Il remercia pour le ré-sultat d'une collecte qu'on avait faite pour une pauvre famille; il pria pour elle et ne put achever : l'émotion de tous répondit à ses larmes. Après le service, il me fallut enfin prendre congé de lui; il m'embrassa et me donna rendez-vous dans les cieux.

Quand je fus seul, je pus donner cours à mes sentimens, répandre mon cœur devant Dieu, le bénir de m'avoir conduit dans ce lieu, et lui faire aussi le sacrifice de moi-même; oui, plus de *moi*; anéantissement de tout égoïsme! humble dévouement!

Encore un mot sur le Ban-de-la-Roche; tout n'y est pas beau et bien; les cheveux blancs du réformateur du vallon sont affligés; le vice menace de souiller son œuvre. Il est à craindre qu'une partie de la jeunesse ne se règle pas d'après ses leçons; et l'âge avancé du pasteur l'empêchant de veiller à tout comme autrefois, et de donner cette forte instruction religieuse par laquelle il a changé le caractère de tant d'individus, le mal peut augmenter de jour en jour; et l'instruction intellectuelle plus étendue que les habitans ont reçue, n'étant plus contre-balancée par une suffisante instruction morale, ne servira peut-être qu'à éveiller leurs passions et à leur inspirer de l'orgueil.—M. Oberlin en gémit; il prie Dieu de le retirer, puisqu'il ne peut plus agir, et d'envoyer à sa place un pasteur fidèle. Puisse-t-il s'en trouver un qui lui ressemble!

J'arrivai à Strasbourg encore plein des émotions de la veille; cette visite sera à jamais gravée dans mon cœur.

ACTE SOLENNEL

DE CONSÉCRATION DE SOI-MÊME

A DIEU,

Écrit par Oberlin le 1er janvier 1760, et renouvelé par lui,
le 1er janvier 1770 (1).

~~~~~~~~~~~~~~~~~~~~~~~~~~~~~~~~~~

Dieu éternel et d'une sainteté infinie ! je désire ardemment
de pouvoir me présenter devant toi, dans le sentiment d'une
profonde humilité et avec contrition de cœur. Je sais combien
un ver de terre tel que moi est indigne de paraître devant ta
divine Majesté, devant le Roi des Rois et le Seigneur des Seigneurs, surtout dans une occasion comme celle-ci, où il s'agit
de former alliance avec toi.

---

(1) Philippe Doddridge recommande avec chaleur dans son excellent
ouvrage sur *les Commencemens et les Progrés de la vraie piété*, de rendre
la consécration de soi-même à Dieu aussi solennelle qu'il se pourra :
« Qu'elle soit conçue en termes clairs et précis, dit-il. Souvent même
« il est utile de la mettre par écrit ; apposez-y votre sceau et votre seing,
« en témoignage qu'un tel jour d'un tel mois et d'une telle année, et en un
« tel lieu, après les plus mûres délibérations, et, poussé par les plus puis-
« sans motifs, vous avez formé le dessein salutaire de servir l'Éternel....
« Prosternez-vous au pied de son trône ; lisez en sa présence l'écrit que
« vous aurez préparé ; lisez-le de la bouche et du cœur, et, après l'avoir
« signé, serrez-le dans un endroit sûr, afin de le consulter toutes les fois
« que vous croirez en avoir besoin, et faites-vous une loi de le relire à
« certaines époques de l'année pour vous en rafraîchir la mémoire. » Cette
citation fera comprendre le but d'Oberlin en écrivant les pages dont
nous donnons ici la traduction. Elles nous ont paru bien remarquables,
en ce qu'elles montrent avec quel sentiment de sa misère et de son indi-
gnité est entré dans la vie, et a commencé sa carrière de pasteur, cet
homme dont tous les instans ont été consacrés à un but utile. On dit
quelquefois que la croyance aux dogmes de l'Evangile ne produit qu'une
contemplation oisive : qu'on voie et qu'on juge !
~~~~~~~~~~~~~~~~~~~~~~~~~~~~~~~~~~

Mais c'est toi, ô Dieu de miséricorde, qui as dressé le plan de cette alliance, qui me l'as fait offrir par ton Fils dans la grâce infinie. C'est toi qui y as disposé mon cœur. Je viens donc à toi, et je confesse que je suis un grand pécheur ; je me frappe la poitrine, et je dis avec le péager repentant : « O Dieu, sois appaisé envers moi qui suis pécheur ! » Je viens, parce que j'ai été invité au nom de ton Fils, et je me repose entièrement sur sa justice accomplie. Mais je te supplie de vouloir, à cause de lui, me pardonner mon injustice et ne plus te souvenir de mes péchés. Oh ! oui, je t'en supplie, réconcilie-toi avec ta créature infidèle. Je suis maintenant convaincu de tes droits sur moi, et je ne désire rien plus que de t'appartenir. Dieu saint ! je me donne aujourd'hui à toi de la manière la plus solennelle.

Cieux, écoutez ; et toi, terre, prête l'oreille. Je confesse aujourd'hui que le Seigneur est mon Dieu ! Je déclare aujourd'hui que je suis du nombre de ses enfans et que je fais partie de son peuple. Entends mes paroles, ô mon Dieu, et écris dans ton Livre que je veux désormais être entièrement à toi. Au nom du Seigneur et du Dieu des armées, je renonce aujourd'hui à tous les maîtres qui ont autrefois dominé sur moi, aux joies du monde auxquelles je m'étais abandonné et aux désirs charnels qui étaient en moi. Je renonce à tout ce qui est périssable, afin que mon Dieu soit mon tout. Je te consacre tout ce que je suis et tout ce que j'ai : les facultés de mon âme, les membres de mon corps, ma fortune et mon temps. Aide-moi toi-même, ô Père de miséricorde, à n'employer tout qu'à ta gloire, en le faisant servir à l'obéissance à tes commandemens. Être à toi, sera mon humble et ardent désir durant tous les âges de la bienheureuse éternité. Si tu me charges dans cette vie d'en conduire d'autres à toi, donne-moi le courage et la force de me déclarer ouvertement pour toi. Fais-moi la grâce de ne pas me dévouer seul à ton service, mais que je puisse aussi persuader à mes frères de s'y consacrer.

J'ai la volonté, Esprit saint, de te demeurer fidèle jusqu'à la fin de ma vie, si je suis soutenu par ta grâce. Permets-moi de pouvoir, durant les jours qui me seront encore accordés, acquérir ce qui me manque et améliorer mes voies. Que les choses de la terre n'exercent pas sur moi leur pouvoir, mais que, pendant le temps si court de la vie, je ne vive que pour toi. Que ta grâce me rende capable, non seulement de suivre cette route que j'ai reconnu être la meilleure, mais encore d'être toujours plus actif en y marchant. Je remets à ta direction ma personne et tout ce qui m'appartient. Conduis toutes choses selon que ton infinie sagesse le trouvera bon. Je m'en remets sur toi pour la disposition de tous les événemens, et je dis, sans aucune restriction : « Que ta volonté soit faite et non la mienne ! » Emploie-moi, Seigneur, comme un instrument destiné à ton service ! Regarde-moi comme faisant partie de ton peuple ; lave-moi dans le sang de ton Fils bien-aimé ; revêts-moi de sa justice ; sanctifie-moi par son Esprit ; rends-moi de plus en plus conforme à son image ; viens avec lui purifier et fortifier mon cœur ; donne-moi la consolation et accorde-moi que je passe ainsi ma vie dans le sentiment continuel de ta présence, ô mon Père et mon Dieu ! et qu'après avoir cherché à t'obéir et à me soumettre à tes volontés, tu me retires d'ici, à l'heure et de la manière dont tu le trouveras bon. Permets qu'à l'instant de ma mort et aux portes de l'éternité, je me souvienne de ces engagemens et emploie encore mon dernier soupir à ton service. Et alors, Seigneur, rappelle-toi aussi cette alliance, quand tu verras toute l'angoisse que mon cœur éprouvera dans ces derniers instans, où je n'aurai peut-être pas la force de m'en souvenir. O mon Père céleste, abaisse alors un regard de miséricorde sur ton enfant affaibli et se débattant avec la mort. Je ne veux pas te prescrire, ô mon Père, de quelle manière tu dois me prendre à toi. Je ne veux pas te demander de me préserver alors de cruelles douleurs. Non, rien de tout cela ne sera l'objet de mes prières. Ce que je te demande avec instance, au nom de mon Jésus, c'est de pouvoir encore te glorifier dans les derniers jours de ma vie, de ne témoigner, au milieu des souffrances que ta sage Providence trouvera peut-être bon de m'envoyer, que de la patience et de la soumission en ta sainte volonté. Fortifie mon âme, donne-lui de la confiance quand tu l'appelleras, et reçois-la dans le sein de ton éternel amour; admets-la dans les séjours de ceux qui sont morts en Jésus-Christ, dans ces séjours où des joies qui ne peuvent s'exprimer, sont le partage d'une jeunesse qui ne finira point. Donne-lui une abondance de paix et de bonheur, tandis qu'elle attendra l'accomplissement des promesses que tu as faites à ceux qui sont tiens, qu'ils ressusciteraient dans la gloire et jouiraient éternellement dans le ciel de ton adorable présence.

Et quand je serai descendu au sépulcre, si ces pages viennent à tomber entre les mains des amis que j'aurai laissés sur la terre, oh! permets que leurs cœurs en soient vivement touchés; accorde-leur la grâce, non seulement de les lire, comme exprimant mes propres sentimens, mais de sentir eux-mêmes ce qui y est exprimé. Enseigne-leur à craindre le Seigneur mon Dieu, et à venir se réfugier avec moi, à l'ombre de ses ailes pour le temps et pour l'éternité; qu'ils aient part à tous les biens et à tous les avantages de l'alliance que l'on forme avec toi par Jésus-Christ, le grand Médiateur. A lui et à toi, ô Père, et au Saint-Esprit, soient rendues des louanges éternelles par les millions de tes rachetés et par les esprits célestes, au travail et au bonheur desquels tu les associeras!

Mon Dieu et le Dieu de mes pères! toi qui maintiens ton alliance et qui répands tes bénédictions jusqu'à mille générations, je te supplie humblement, puisque tu sais combien le cœur de l'homme est trompeur, de vouloir me faire la grâce d'entrer dans cette alliance avec toute sincérité de cœur et de demeurer fidèle à cette consécration qui a eu lieu de moi dans mon baptême. Que le nom du Seigneur me soit en témoignage éternel que je lui en ai signé la promesse avec la ferme et bonne volonté de la tenir.

Jean-Frédéric OBERLIN.

Strasbourg, le 1er Janvier 1760.

Renouvelé à Waldbach, le 1er Janvier 1770.

5*

PRIÈRE D'OBERLIN

ET DE SA FEMME,

POUR DEMANDER À DIEU SA BÉNÉDICTION ET SA GRACE (1).

Esprit saint, descends dans nos cœurs; aide-nous à prier avec ferveur et du fond de notre âme; permets à tes enfans, ô notre bon Père, de se présenter devant ta face pour te demander ce qui leur est nécessaire !

Que nous nous aimions seulement en toi et en notre Sauveur Jésus-Christ, comme étant des membres de son corps !

Sois-nous en aide, afin que, durant tout le jour, nous ayons les yeux fixés sur toi, nous marchions devant toi, et nous nous recueillions en toi; en sorte que, de jour en jour, notre vie devienne plus spirituelle !

Permets que nous te soyons fidèles dans l'exercice de nos devoirs, que nous nous y excitions l'un l'autre, nous découvrant réciproquement nos fautes, et en cherchant ensemble le pardon dans le sang de Jésus-Christ !

Quand nous prierons ensemble, et puissions-nous prier souvent et beaucoup ! sois, ô Seigneur Jésus, le troisième au milieu de nous; et toi, Père céleste, rends-nous bien fervens; exauce, à cause de Jésus-Christ, ce que tu nous auras enseigné, par ton Saint-Esprit, à te demander !

---

(1) Ce morceau touchant, dont nous devons la communication à un ami intime d'Oberlin, servira à donner quelque idée de ce ménage de chrétiens. C'est dans de tels sentimens, c'est en se fortifiant tous les deux dans la foi, et en observant ce qu'ils demandent ici à Dieu de leur permettre de pratiquer, qu'ils ont passé les seize années d'une trop courte union, qui n'a été interrompue sur la terre que pour continuer dans le ciel.

Puisque, dans cette vie, tu as mis sous notre direction ceux de notre maison, donne-nous de la sagesse et de la force pour les conduire d'une manière qui te soit agréable. Que nous leur soyons toujours en bon exemple, et fassions ce que tu nous dis d'Abraham qui commandait à ses enfans et à sa maison, après lui, de garder la voie de l'Eternel pour faire ce qui est juste et droit. Si tu nous donnes des enfans et que tu nous les conserves, oh! fais-nous la grâce de les élever pour toi, de leur apprendre de bonne heure à connaître, à craindre, à aimer et à invoquer le Dieu qui a fait alliance avec eux, afin que, conformément à l'engagement qui sera pris pour eux dans le baptême, ils te demeurent fidèles, depuis le berceau jusqu'à la mort. O notre Père céleste, que nous leur inculquions ta Parole, toute notre vie, avec douceur, amour et patience, à leur lever et à leur coucher, à la maison et hors de la maison, et dans toutes les circonstances où ce sera possible, ainsi que tu l'aimes, Seigneur, et que cela convient pour des enfans auxquels tu n'as donné la vie que comme un moyen d'aller vers toi.

Lorsque nous irons ensemble à la sainte Cène, oh! donne-nous toujours de nouvelles grâces, de nouvelles forces, un nouveau courage pour continuer à marcher dans le chemin du ciel; et, puisque nous ne pouvons nous en approcher dans l'année que quatre fois, que nous y prenions part d'autant plus souvent, oui, chaque jour et chaque heure, par la foi! que nous ayons toujours la mort devant les yeux et nous y préparions toujours; et, s'il est une chose que nous puissions solliciter de toi, oh! accorde que nous ne soyons pas long-temps séparés l'un de l'autre, mais que la mort de l'un suive de près et de bien près celle de l'autre (1).

Exauce-nous, notre tendre Père, au nom de Jésus-Christ, ton fils bien-aimé. *Amen.*

---

(1) Les desseins du Seigneur étaient différens, et cette prière n'a pas été accomplie; Oberlin, pour le bonheur de l'humanité, a encore vécu 42 ans après la mort de sa femme. *Tes voies ne sont pas nos voies,* ô Eternel!

Et toi, ô notre époux, que tous deux nous t'aimions d'un ardent amour, étant toujours en rapport et en communion avec toi ! Ne permets pas que nous mettions notre confiance en notre propre justice et en nos œuvres, mais seulement en ton sang et en tes mérites. Sois avec nous, maintiens-nous fidèles, et accorde-nous, Seigneur Jésus, que nous te voyions bientôt.

Esprit saint, notre Dieu, demeure toûjours dans nos cœurs, enseigne-nous à élever à chaque instant nos soupirs vers notre bon Père ; donne-nous selon nos besoins ta force ou ta consolation. Et à toi, au Père et au Fils soient la louange, l'honneur et la gloire, d'éternité en éternité. *Amen.*

FRAGMENT

ÉCRIT PAR OBERLIN EN 1784 (1).

Je suis né à Strasbourg le dernier août 1740, et j'ai été baptisé, le 1ᵉʳ septembre, à l'église Saint-Thomas.

Dans mon enfance et dans ma jeunesse, Dieu m'a fait la grâce de toucher souvent mon cœur, et de me tirer de bonne heure à lui; il a usé, envers moi, dans mes fréquentes infidélités, d'une patience et d'une indulgence inexprimables.

Je suis arrivé dans cette paroisse en qualité de pasteur, le 30 mars 1767, à l'âge de 27 ans.

Le 6 juillet de l'année suivante, Dieu m'a uni à la femme chérie qui vous a rendu tant de services et dont vous avez, il y a six mois, célébré les funérailles. Elle se nommait Madeleine-Salomé Witter. J'en ai eu neuf enfans; deux, qui vivent encore, sont nés au Ban-de-la-Roche; les autres, à Strasbourg; deux nous ont devancés au Paradis : il nous en reste sept dans ce monde. Elle ne paraissait pas malade; je l'ai perdue subitement le 18 janvier dernier, dix semaines après ses dernières couches. Dans cette occasion, comme dans mille autres de ma vie, j'éprouvai, malgré mon douloureux abattement, la miséricordieuse assistance de Dieu d'une manière signalée.

J'ai eu toute ma vie un désir souvent très-vif de mourir. Le sentiment de mes infirmités morales et de mes fréquentes infidélités n'en a pas été la moindre cause; mon amour pour ma femme et mes enfans, mon attachement pour ma paroisse, que je porte dans mon cœur, ont quelquefois enchaîné ce désir, mais ce n'a jamais été que pendant de courts intervalles. J'ai eu, il y a bientôt un an, quelque pressentiment de ma fin

---

(1) Nous avons cité, dans la notice qui précède, plusieurs passages de cet écrit.

prochaine ; je n'y ai pas pris beaucoup garde alors ; mais, depuis la mort de ma femme, j'ai souvent cru recevoir des avertisse-mens semblables. Des millions de fois, j'ai crié à Dieu pour obtenir de lui de pouvoir m'abandonner comme son enfant à toute sa volonté, tant pour vivre que pour mourir ; de savoir me résigner et ne rien vouloir, ne rien désirer, ni dire, ni faire, ni entreprendre que ce que lui, qui seul est bon et sage, trouvera être le meilleur.

Averti si souvent de ma fin prochaine, j'ai, autant que cela dépendait de moi, disposé toutes choses, de manière à prévenir toute confusion après ma mort. Je ne crains rien pour mes chers enfans ; mais comme j'aime beaucoup mieux être utile aux autres que de leur causer de l'embarras, je souffre de l'idée d'occasionner des soucis aux amis qui en prendront soin. Dieu veuille les en récompenser largement ! Ce n'est donc pas pour mes enfans que je crains, car j'ai trop souvent éprouvé la miséricorde de Dieu pour moi ; je connais trop bien sa bonté, sa sagesse et son amour pour qu'il me soit possible d'être dans la crainte pour eux. Leur mère n'a jamais connu ses parens, et cependant elle a été une meilleure chrétienne que des milliers de personnes qui ont reçu des auteurs de leurs jours toutes sortes de soins.

D'ailleurs, je sais combien le Seigneur exauce les prières de ceux qui s'adressent à lui ; et, depuis que nos enfans sont nés, nous n'avons jamais cessé, leur mère et moi, de demander à Dieu de les rendre de fidèles disciples de Jésus-Christ, de les appeler dans sa vigne comme de bons serviteurs et de bonnes servantes.

Et toi, oh ! ma chère paroisse ! Dieu ne t'oubliera et ne t'abandonnera non plus. Il a sur toi, comme je l'ai souvent dit, des pensées de paix et de miséricorde. Toutes choses iront bien pour toi ! Attache-toi seulement à lui, et laisse-le faire ! Oh ! puisses-tu oublier mon nom, et ne retenir que celui de Jésus-Christ, que je t'ai annoncé ! C'est lui qui est ton Pasteur ; pour moi, je ne suis que son serviteur. Il est le bon Maître qui, après m'avoir dressé et préparé dès ma jeunesse, m'a envoyé vers toi, afin que je te sois utile. Il est seul sage, bon, tout-puissant et miséricordieux; et moi, je ne suis qu'un homme pauvre, faible et misérable.

Oh! mes amis, priez afin que vous deveniez tous ses chères brebis. Il n'y a de salut en aucun autre qu'en Jésus-Christ, et Jésus vous aime, vous cherche et est prêt à vous recevoir! Allez à lui, tels que vous êtes, avec tous vos péchés et toutes vos infirmités. Lui seul peut vous en délivrer et vous guérir. Il vous sanctifiera et vous perfectionnera. Soyez à lui! A mesure qu'il en mourra d'entre vous, qu'ils meurent tous en lui! Que je puisse aller à votre rencontre, et vous accompagner, avec chants de triomphe, dans les demeures de la félicité, devant le trône de l'Agneau!.

Adieu, chers amis, adieu! Je vous ai beaucoup aimés, et la sévérité même dont j'ai quelquefois cru nécessaire de faire usage, n'avait pour cause première et principale que le vif désir de contribuer à vous rendre heureux!

Dieu vous récompense de vos services, de vos bienfaits, de la déférence et de la soumission que vous avez eue pour son pauvre et indigne serviteur; qu'il pardonne à ceux qui se sont mis en opposition avec moi et qui m'ont fait de la peine; sans doute, ils ne savaient pas ce qu'ils faisaient.

Oh! mon Dieu, que ton œil veille sur mes chers paroissiens; que ton oreille soit ouverte pour les entendre, ta main étendue pour les exaucer et les protéger! — Seigneur Jésus, tu me l'avais confiée, cette paroisse, à moi, si faible et si misérable! Oh! souffre que je te la recommande et que je la remette entre tes bras. Donne-lui des pasteurs selon ton cœur; ne l'abandonne jamais. Dirige toutes choses pour son salut. Eclaire-les tous, conduis-les, aime-les, bénis-les; que petits et grands, préposés et particuliers, pasteurs et paroissiens se rencontrent tous en leur temps dans ton paradis! *Amen Amen!* O Dieu! Père, Fils et Saint-Esprit! prononce avec nous: Amen!

QUESTIONS

ADRESSÉES PAR LE PASTEUR OBERLIN,

A SES PAROISSIENS (1).

1° Fréquentez-vous les instructions religieuses avec toute votre famille ?

2° Ne laissez-vous passer aucun dimanche sans vous être employé à quelque œuvre de charité ?

3° N'êtes-vous pas allé, non plus que votre femme ni que vos enfans, aux fraises, aux framboises, aux mirtilles, aux mûres ou aux noisettes, en négligeant l'église ? Ou, si vous y avez été, promettez-vous, devant Dieu, de ne plus le faire ?

4° Avez-vous soin de vous procurer les habits indispensables pour aller entendre le dimanche la Parole de Dieu ?

5° Ceux qui ont les habits nécessaires, emploient-ils une *partie fixe* de leur revenu et de leur travail à en procurer à ceux qui n'en ont pas, ou à subvenir aux autres besoins pressans de leur prochain ?

6° Vos préposés civils et ecclésiastiques ont-ils tous sujet d'être contens de vous et de ceux de votre famille ?

7° Aimez et vénérez-vous assez notre Seigneur et Sauveur Jésus-Christ, pour travailler à l'union des esprits et des cœurs de vos voisins, en sorte qu'ils ne forment ensemble qu'un seul troupeau dont il soit le pasteur ?

8° Les animaux qui vous appartiennent ne causent-ils aucun

Nous avons fait voir dans les morceaux précédens ce qu'Oberlin était comme chrétien ; en publiant les *questions* qu'il avait mises par écrit, afin d'engager ses paroissiens à prendre leurs mesures pour pouvoir y répondre à sa satisfaction, nous voulons montrer comment sa sollicitude descendait aux plus petits détails, et ne négligeait aucune des choses sur lesquelles il croyait devoir appeler leur attention.

dommage ni aucune incommodité aux autres habitans ? Prenez-y garde, car ce serait comme du feu dans des étoupes, et une source de chagrins pour vous.

9° Vos créanciers ont-ils lieu d'être satisfaits de votre honnêteté et de votre exactitude ? Et ne peut-on pas dire de vous, que vous êtes plus empressé à vous procurer de beaux habits superflus qu'à payer vos dettes ?

10° Avez-vous payé tous les quartiers échus au marguillier, au maître d'école, au pâtre, au fabricien, etc…?

11° Contribuez-vous exactement au bon entretien des chemins ?

12° Avez-vous, pour contribuer au bien général, planté sur le territoire de la commune, au moins deux fois autant d'arbres qu'il y a de têtes dans votre famille ?

13° Les avez-vous plantés selon les règles de l'art, ou bien comme des gâte-métiers paresseux et ignorans ?

14° Quand le maire veut assembler la commune, ne manquez-vous jamais d'y assister ; ou s'il vous est impossible de vous y rendre, avez-vous soin de l'en prévenir et de vous en excuser auprès de lui ?

15° Vos enfans fréquentent-ils régulièrement l'école ?

16° Les surveillez-vous comme Dieu l'exige de vous ? Votre conduite et celle de votre femme est-elle propre à vous attirer leur affection, leur respect et leur obéissance ?

17° Avez-vous pris vos mesures pour économiser le bois, et faites-vous en sorte de ne pas laisser perdre la chaleur ?

18° Ne tenez-vous pas de chien sans une nécessité absolue ?

19° Savez-vous, ainsi que vos fils, des *métiers* de loisir, et les exercez-vous pour mettre à profit tous les momens perdus ?

20° Avez-vous une caisse d'évier, ou du moins avez-vous pratiqué un trou pour le fumier, et y jetez-vous toute l'eau qui a servi à laver les pots ?

21° Vos lieux d'aisance sont-ils placés de manière à ce que la pudeur n'en puisse être blessée et sont-ils tenus avec soin, afin de ne pas choquer par leur malpropreté ?

LISTE DES OUVRAGES

RELATIFS A JEAN - FRÉDÉRIC OBERLIN.

AFIN de rendre notre notice plus complète, nous croyons devoir y joindre la liste des ouvrages entièrement, ou seulement partiellement relatifs à Oberlin, qui nous sont connus :

RAPPORT *fait à la Société royale et centrale d'agriculture, par M. le comte François de Neufchâteau, sur l'agriculture, et la civilisation du Ban-de-la-Roche ; suivi de pièces justificatives. Séance publique du 29 mars 1818.* Paris, imprimerie de Mme HUZARD, 1818, br. in-8°. — Les pièces justificatives sont, 1° une lettre de M. Legrand à M. le baron de Gérando ; 2° une lettre du même à M. Treuttel.

ANNALES PROTESTANTES. *Recueil spécialement consacré à la défense de la religion réformée.* Paris, chez FOULON et comp^ie, 1819, in-8°. — Elles contiennent (pages 169-181), un extrait du Rapport précédent, sous le titre de *Mémoire sur M. Oberlin, pasteur au Ban-de-la-Roche.* On y a joint un trait lithographié du pasteur.

LE PASTEUR OBERLIN ou *le Ban-de-la-Roche. Souvenir d'Alsace de Mlle Félicie T***, publié par M. Am. T***.* Strasbourg, chez Jean-Henri HEITZ, 1824, in-12.

PROMENADES ALSACIENNES, *par* P. M. (le chevalier Paul Merlin). Paris, chez TREUTTEL et WÜRTZ, 1824, in-8°. — La seconde partie, forte de 134 pages, a le titre particulier de *Promenade au Ban-de-la-Roche.* Elle est le résultat d'observations faites par l'auteur en 1819 et 1822. On y trouve le portrait lithographié d'Oberlin et celui de Louise, sa ménagère, dessinés par Vigneron, et de plus une carte du comté du Ban-de-la-Roche.

L'Écolier ou *Raoul et Victor*, *par* Mme Guizot, née Pauline
de Meulan. Paris, chez Ladvocat, 4 vol. in-12.—Le chapitre
XVII (vol. III, pages 1-45) est intitulé : *Le pasteur du Ban-
de-la-Roche*. Les faits présentés par M. François de Neufchâteau dans son rapport sont reproduits ici, mais racontés d'une
manière différente ; l'auteur y a joint quelques détails nouveaux. En tête du volume est un portrait gravé d'Oberlin ; il est
représenté comme il était dans sa jeunesse.

L'Ami de la jeunesse. 1re *année*, 1825. Paris, chez Henry
Servier, un vol. in-32.—Il y a dans trois livraisons de ce journal (pages 108, 142 et 197), des articles intitulés : *Le Ban-
de-la-Roche*. Ce sont des morceaux extraits de l'ouvrage de
Mlle Félicie T*** : *Le pasteur Oberlin* ou *le Ban-de-la-Roche*,
que nous avons cité plus haut.

Compte rendu *sur les travaux de la Société biblique de femmes*, *pendant la seconde année de son existence*, 1826. A l'a-
gence de la Société, in-8°.—Ce rapport contient (page 9) une
lettre de madame Rauscher, fille d'Oberlin, pleine de détails
touchans sur son père et sur sa paroisse.

On peut aussi consulter les divers rapports et quelques-uns
des bulletins de la Société biblique et de la Société des Missions de Paris.

Relation *des funérailles de Jean-Frédéric Oberlin*, *pasteur
à Waldbach*, *membre de la Légion-d'Honneur*, *célébrées au Ban-
de-la-Roche*, *le 5 juin 1826*; *avec les discours et les stances
prononcés à cette occasion*. Strasbourg, de l'imprimerie de
Mme Ve Silbermann, in-8°.—On y a joint une traduction fran-
çaise en prose des stances, qui sont en allemand.

Notice *sur le pasteur Oberlin.*—*Fondation proposée en son
nom.*—Ces quatre pages in-4° contiennent peu de détails ; leur
but est de proposer une souscription pour une fondation de
charité sous le nom d'Oberlin, qui serait destinée à pourvoir
aux besoins physiques et moraux des habitans. Elles ont été
réimprimées, soit en entier, soit par extraits, dans la plupart
des journaux quotidiens de Paris ; et dans la *Revue Protestante*

(tome IV, pages 90-95), où l'on y a joint quelques réflexions.

Journal *de la Société de la Morale Chrétienne.* Il contient (tome VII, pages 318-328) un extrait de la *Relation des Funérailles,* citée plus haut, et la traduction en vers français, par M. E. Champeaux, des strophes de M. Stoeber.

Le Globe (tome III, n° 79). On y trouve, sur le pasteur Oberlin, une lettre *d'un abonné*, écrite d'Auxonne, le 18 juin 1826.

The Ban-de-la-Roche *and its benefactor, M. Jean-Frédéric Oberlin, lutheran pastor at Waldbach, in the department of the Vosges.* London, printed for Francis Westley, 1820. — La dédicace est signée Mark Wilks, et datée de Passy, du 5 novembre 1819. Les faits rapportés par MM. François de Neufchâteau et Legrand, y sont classés avec ordre et sous des titres particuliers. On y trouve aussi des détails nouveaux. Une citation intéressante du journal manuscrit de M. Grégoire, ancien évêque de Blois, termine cet ouvrage.

The History *of the British and Foreign Bible Society, by the* Rev. John Owen, A. M. London, 1820. — L'auteur a inséré dans le troisième volume (pages 421-426) une lettre qu'il a écrite le 16 sept. 1818 et dans laquelle il rend compte d'une visite qu'il a faite au pasteur de Waldbach. Il donne dans le même volume (page 444, dans la note) des renseignemens sur Henri Oberlin fils et sur sa mort.

Extracts *of letters on the object and connexions of the British and Foreign Bible Society, from the* Rev. John Owen, A.M., *during his late tour to France and Switzerland.* London, 1819. — La lettre de M. Owen, insérée dans le précédent ouvrage, l'a été originairement ici. (page 10).

Reports *of the British and Foreign Bible Society, with extracts of correspondence.* Vol. I, 1805-1810. London. — On y trouve (pages 40 et 108) deux lettres d'Oberlin à la Société Biblique de Londres, et des renseignemens sur ses efforts pour répandre la Bible en Alsace.

AN ANALYSIS *of the system of the Bible Society throughout its various parts, including a sketch of the origin and results of auxiliary and branch Societies and Bible Associations, with hints for their better regulation.* By C.S. DUDLEY. London, 1821. — Les détails contenus dans l'ouvrage précédent sont en partie réimprimés ici.

ARCHIVES DU CHRISTIANISME au XIX° siècle. 1826. (Tome IX, 10° livraison. La présente notice en est extraite. (*Voyez* pages 434-476).

Imprimerie de J. Smith, rue Montmorency, n° 16.

9 782019 290153